JN079941

ASC叢書 5

# 都市とスポーツ

一般社団法人スポーツと都市協議会 監修　花内誠・伊坂忠夫 編著

晃洋書房

**CITY AND SPORTS**

## Contents

## はじめに

本書は，2022年に行われた「都市とスポーツ」のシンポジウムをまとめたものである。

なぜ「都市とスポーツ」なのか。

東京2020以降，日本のスポーツ環境はどこに向かうのか？　それを考える際に，都市とスポーツについて考える所からスタートするべきなのではないか？一見，都市とスポーツは，何も関連が無いように思うかもしれないが，近代スポーツの原点は，産業革命以降の都市にある。

産業革命によって，人々が工場で働く労働者として都市に集まり，新たな社会システムが産み出された。都市の劣悪な労働環境や居住環境は，都市問題を発生させ，それらの都市問題を物的環境の整備によって解決する為に近代都市計画は発展し，一方，人的環境を整備することで解決する為に農村社会ではお祭りとして行われていたスポーツがレクリエーションとして近代化した。

例えばサッカーは，農村社会では年に１，２回のお祭りとして行われていたが，工業化された社会では，毎週末の日曜日に労働者のレクリエーションとして発展し，毎週末に試合が行われるようになった。

さらには産業だけでなくスポーツでも分業化が進み，プレイを専門としてプロフェッショナルが登場し，プロアマ問題が発生し近代スポーツは変化をしてきた。そして工業化だけでなく，情報化によっても近代スポーツは影響を受け

て現代のスポーツに至る。原点から今までを振り返った上で、これから先の未来を考えることが必要なのではないだろうか。

# 01 | 「都市とスポーツ」の補助線としての柄谷行人『世界史の構造』

さて、スポーツと都市の関係を原点から現在、そして未来をどう考えればいいのか。そして、それをどう表現できるのか。いろいろと考えてみた結果、柄谷行人の『世界史の構造』(2010、岩波書店) を補助線に用いると、さまざまな現象がピタリとあてはまり、説明できることに気がついた。

柄谷行人は、1941年生まれの思想家で、哲学のノーベル賞を目指して創設されたバーグルエン哲学・文化賞を2022年に受賞した方である。

『世界史の構造』は、「交換様式から社会構成体の歴史を見直すことによって、現在の資本＝ネーション＝国家を越える展望を開こうとする企てである」の一文からはじまり、社会を自由／拘束、平等／不平等の4つの象限に分け、次のAからDに社会構成体が変わっていくことが世界史の構造である、という思想である (あくまでも、私の解釈であり、柄谷は違う事を言いたいのかもしれない。是非、皆さまご一読いただきたい)。

A 「ネーション」互酬 (贈与と返礼)・不自由で平等
B 「国家」略取と再分配 (支配と保護)・不自由で不平等
C 「資本」商品交換 (貨幣と商品)・自由で不平等
D 「X」X・自由で平等

柄谷によれば、人類の世界史は、A「ネーション」は氏族社会として贈与と返礼からはじまり、そこからB「国家」が略取と再分配する封建や近代帝国主義などの時代となって、現代はB「国家」による略取と再分配の交換様式から、より効率のよいC「資本」による商品交換の交換様式へ移行する流れの中にある。しかし、行き過ぎたC「資本」は不平等＝格差社会をつくり、これにも限界が訪れる。Cから、自由で平等なD「X」に関する展望を開こう、と言うの

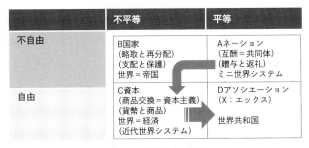

**図序-1　『世界史の構造』**

出典：柄谷行人の著書を基に筆者作成。

が『世界史の構造』の流れであり，柄谷は「世界共和国」の実現を展望している（図序-1）。

　最近では，斎藤幸平の『人新世の「資本論」』(2020，集英社) にも，以前には宇沢弘文の『社会的共通資本』(2000，岩波書店) にも通底する部分があるように私は感じている。

　B「国家」からC「資本」へ移行する流れは，昨今の民間活力導入，官民連携などの新自由主義（ネオリベラリズム）的政策で顕著にあらわれている。思えば，宇沢弘文とミルトン・フリードマンの間の新自由主義（ネオリベラリズム）をめぐる議論も，柄谷の『世界史の構造』をあてはめれば，B「国家」からC「資本」への動きを加速する新自由主義（ネオリベラリズム）に対し，宇沢弘文の『社会的共通資本』がC「資本」からD「X＝社会的共通資本」を見据えたものであったと理解することもできる。

　例えば東京2020は，このB「国家」からC「資本」へ移行する流れを加速させているネオリベラリズム＝アベノミクスの時代に行われたオリンピックであり，そこで起きた汚職や談合という疑惑も，C「資本」が行き過ぎて，豊かだが格差が拡がり，不平等な社会にいきつく流れの中で起きたのではないか，と考える。個人が罪に問われる行為が仕方なかったという意味ではない。あくまでも，個人の行為を後押しする社会環境の持つ必然性である（東京2020については，巻末に付録としてまとめさせていただいた）。

もともとお祭りとしてＡ「ネーション」の互助的交換によってスポーツという社会に対する福祉が行われていたが，互助的交換のＡ「ネーション」が崩れたＢ「国家」＝産業革命以降の都市では，スポーツは年に数回のお祭りではなく，毎週末に行われる「レクリエーション」として近代化された。

　欧米では1900年代初頭に都市の中にレクリエーションの場を求める「プレイグラウンドムーブメント」が発生し，Ｂ「国家」＝行政が都市の中に公園を計画配置する「パークシステム」と結合することで，スポーツの担い手はＡ「ネーション」から，Ｂ「国家」(行政) へと転換された。

　ヒトラーによるベルリンオリンピックはスポーツの担い手がＢ「国家」になった象徴であり，1964年の東京オリンピックもＢ「国家」とスポーツの良い関係の実例とも言える。東側諸国の「ステートアマ」と言われる実質プロの国家公務員が，プロアマ問題でＡ「ネーション」からＢ「国家」へと転換が遅れた西側諸国を圧倒した。

　しかし，その後，柄谷行人が指摘する様にＢ「国家」による税の徴収と再分配という交換様式は限界を迎える。スポーツでもミュンヘン1972でのテロの発生，モントリオール1976での大赤字，モスクワ1980の西側諸国によるボイコットと続き，Ｂ「国家」を担い手とするスポーツも行き詰まる。

　それを打開したのが，Ｂ「国家」からＣ「資本」への交換様式の変更である。社会としては，それまで国家で行っていた施策を民間企業 (資本) に規制緩和して行わせることで，コストの削減やサービスの向上によって，行き詰まりを打開しようとした。スポーツにおいても，ロサンゼルス1984によるピーター・ユベロスによるオリンピックマーケティングや，日本におけるＪリーグのプロ化もＢ「国家」による地域スポーツをＣ「資本」とともに打開する施策と考えることも可能だろう。

　しかし，日本は欧米と異なる歴史を歩み社会システムも違う事に留意しておく必要がある。「プレイグラウンドムーブメント」も，欧米ではＢ「国家」によって，地域コミュニティの場として発展したのに対して，日本は1928年にスポーツの所管を文部省に定めて以来，スポーツを「教育」と捉え，「プレイグ

ラウンドムーブメント」を「学校」の中で消化した。その結果，日本のスポーツの施設の三分の二は学校にあり，英米の一部を除き，欧米の学校にはスポーツ施設が整ってはいない。

「ドイツの様にスポーツを地域に」という方向性を掲げる人も多いが，日本にはドイツの様な地域のスポーツをささえるコミュニティが集うクラブハウスは用意されていないし，その結果，地域のスポーツを支える人材は揃っていない。

日本と同様に戦前はプレイグラウンドムーブメントをB「国家」として整備できなかったドイツは，戦後，ゴールデンプラン（1959年〜）と第二の道（1960年〜）というハードとソフトの施策を行っている。ゴールデンプランは，ドイツ国民にスポーツ機会を提供する施設（ハード）を全国に造る施策であり，第二の道は，そこで行われるスポーツの運営の方向性である。戦前は日本と同様に，競技スポーツ（教育）が第一の道として示されていたが，戦後に，コミュニティ（ウェルビーイング）スポーツを第二の道をとしてドイツのスポーツの方向性を示している。こうして施設（ハード）と運営（ソフト）の両面からドイツは現在のスポーツ環境を作った。ドイツのスポーツビジネス構造も，その結果，コミュニティ（ウェルビーイング）スポーツを背景としてスポーツクラブが「フェライン」として全国に存在し，そこに分厚い「人材」が居る。

# 02 | コミュニティ（ウェルビーイング）スポーツのきっかけとなる部活動の地域移行

東京2020後の日本のスポーツが，より良く，より盛んになるためには，「競技（エンタテイメント）スポーツ」だけでなく，「コミュニティ（ウェルビーイング）スポーツ」の両輪構造に日本のスポーツをモデルチェンジする必要がある。

そのきっかけとなるのではないかと期待しているのが，部活動の地域移行である。

部活動の地域移行については，論点と課題の整理がされないまま，錯綜しているような気がしている。アインシュタインは，「問題を解決するのに1時間

あれば，55分で問題について考え，５分で解決策について考えます」と言っている。部活動の地域移行も解決策を模索する前に，なぜ部活動を地域移行させなくてはならないのかについて，問題を考えることから考えるべきだ，と思う。

　今回の部活動の地域移行は，公立学校教員の過重労働が発端である。

　この問題も，柄谷行人の『世界史の構造』を補助線に考えれば，B「国家」による教育に限界が来ている，と捉えることが可能である。

　経産省をはじめ，行政はここでも，C「資本」を導入することでB「国家」の限界を解消しようとする新自由主義（ネオリベラリズム）的施策の導入を提唱しているのも，柄谷行人の『世界史の構造』があてはまる。

　しかし，ここでもC「資本」による解決の行きつく先は，格差の拡大，不平等である。欧米では水道などの基礎インフラも民営化＝C「資本」によるサービスの向上やコストの削減を図ったが，しばらく後に独占したC「資本」が収益をあげるために料金アップに踏み切り，結果的にB「国家」の運営に戻す事例も発生した。このことから，新自由主義（ネオリベラリズム）政策を，公共性の高い分野に適用することには疑問が生じ，イギリスではPFI自体をやめてしまったりしている。C「資本」にも限界がある，という柄谷行人の指摘が当てはまる。公教育も公共性の高い領域であり，C「資本」による運営に対して，活動費が払えない子供が部活動に参加できなくなるのではないか，活動費の大小によって不公平が生じるのではないか，などの心配が早くも指摘されている。

　つまり，部活動はB「国家」でもC「資本」でも，すでに問題が生じるということが予想されている。現在，議論されている施策のうち，「学校教育として予算をねん出するべきだ」という主張は，B「国家」による限界を突破する方法を，「民間企業に任せて，活動費を徴収するべきだ」という主張はC「資本」による限界について突破する方法をそれぞれ考えて明示しておく必要がある。

　柄谷行人が指摘するようにB「国家」C「資本」にも限界が生じる世界史の構造があるのであれば，D「X」による解決策を模索することが必要であろう。

　つまり前項で述べたD「X＝コミュニティ」という図式の中で，「競技（エン

タテイメント）スポーツ」だけでなく，「コミュニティ（ウェルビーイング）スポーツ」を加えた両輪にすることで，D「X」へ進むことが可能になる。特に「教育」として学校部活を行うことは，「競技・パフォーマンス・エンタテイメント」へつながりやすいので，「コミュニティ（ウェルビーイング）スポーツ」を両輪に加えるためには，「教育」だけではなく，「余暇（レクリエーション）」として部活動を捉え直す必要がある。「余暇（レクリエーション）」というと，軽度の運動種目という定義を思い浮かべる人が多く「余暇（レクリエーション）」の定義も必要になる。社会学者の磯村英一は，都市の人間は，第一空間としての家庭（住居），第二空間としての職場，そして第一の空間とも第二の空間とも異なる第三の空間が必要であると提唱し，それは現在でもオルテンバーグの「サードプレイス」と呼ばれる理論に通じている。私は，第三空間で過ごす時間が余暇であり，第三空間で行うことがレクリエーションと定義する。

　学校は第二空間である。

　学校の中に第三空間をつくる，あるいは時間帯を分けて第二空間として学校教育で利用する時間と第三空間として余暇（レクリエーション）で利用する時間に分けて利用することが，部活動問題をD「X」として解決するには必要になる。その際に生徒児童にだけ部活動を行うことは，これまでの「教育」の枠組みの中で行われる可能性が高い。学校を地域住民も含めて，コミュニティの中のアソシエーションとしてスポーツを「コミュニティ・ウェルビーイング」として行う第三空間にすることができれば，地域住民による「コミュニティ」をD「X」として，解決の主体とすることが可能になる。

　地域住民の第三空間として学校を利用することが可能になれば，第三空間の利用費用を地域コミュニティから徴収することが可能になる。あるいは，第三空間を充実させるための資金を地域コミュニティから調達することも可能になる。

　「学校教育」の一部として部活動を行う「指導者」を教員の代わりに第二空間に配置するのではなく，「余暇（レクリエーション）」として部活動を行う時の「プレイリーダー」を第三空間に配置し，その上で「余暇（レクリエーション）」

として競技スポーツを行う際の指導者を地域コミュニティとして雇うことで，「指導者」問題の解決を目指すだけでなく，高齢者の健康問題などの他の社会課題も併せて解決することができる。

　個人的には部活動の地域移行については，部活動の定義を以下の3つに分類することで論点や課題が整理されるのではないか，と考えている。

1　部活動＝「学校教育」　多くの人はこの定義のまま議論をしているように思う。この定義では，「部活動の地域移行」は，A：教員から部活指導員への「指導者の地域移行」または，B：Aとともに部活動の活動場所を学校からスイミングクラブなどの外部へ移行することを言っている。

　メリットは，現状の変更が少ないこと。デメリットは，そもそも教員に払う費用がないのだから，AでもBでも少ない予算で行わねばならないこと（実質的には難しい）。

2　部活動＝「社会教育」　一部の人は，こちらを議論しているように思う。この定義では，部活動を学校教育から社会教育へ移行することである。具体的には，総合型地域クラブなどが受け皿になるが，上記1Bと混同している方も多く混乱している。本来は，社会教育として行われている多年齢型の総合型地域スポーツクラブの中に，子どもたちが組み込まれていく形のはずである。「引退」も無くなり，レベルに応じて年上年下関係なく一緒にスポーツを楽しむ形である。

　メリットは，学校側の負担が一気に解消されること。さらに，学校施設の利用が進めば，「社会教育」の充実にも繋がること。デメリットは，「学校部活動」が実質的に消滅することと，学校のスポーツ施設利用に消極的なこと。学校施設が使えないと「社会教育施設」で部活動をやることになり，これまた実質的に無理である。学校施設は，学校の学業授業に支障のない範囲で社会教育に使わせる義務があるのだが，その判断と責任は「学校長」にあるので，責任を負うのが嫌な学校長は許可を出さない。ここを法律的に整備するなり，「校長会」と「総合型地域スポーツクラブ（連合）」が契約するなりが必要になると思われ

る。また，「学校教育」から「社会教育」へ移行しても文科省の管轄なので，予算が大幅に増えることは期待できず，教育の文脈である「競技（エンタテイメント）スポーツ」から離れることが難しいかもしれない。

3　部活動＝レクリエーションとして「教育外」も含める。　ドイツではスポーツは内務省管轄であり，国民の健康（日本では厚生省管轄）や地域のコミュニティ活動（日本では総務省管轄）と定義すること。「ドイツみたいにスポーツを地域で支える」という表現を良くみるが，日本と法律が違うので，それを解消せずに進めると壊滅的な状況になる。

メリットは，まさに学校部活動の地域移行を地域創生の起爆剤として使えること。全国の公立小中学校のスポーツ施設の運営を地域移行することができれば，高齢化する日本社会において，40兆円と言われる医療費を削減させることができるかもしれない。その削減が2.5%として1兆円の予算を医療費からこちらに振り替えることが可能になる。

デメリットは，大きな変革が必要になること。特に文科省管轄だったスポーツを厚生省や総務省とともにやるためには，スポーツ庁を文科省の外局としておいている今の体制のままでできるのか，など影響が大きく，岩盤に突き当たる。

3つの論点と課題に整理した上で，どれを選択するべきか，あるいは，しないべきか，について考えたい。

1部活動＝学校教育として，課題となっている予算をつけることができれば概ね解決できる。しかし，実際は文科省および，スポーツ関係者（政治家やスポーツ中央団体のトップ層）が予算を獲得できない，あるいは，1ではなく2または3を志向している場合は，1を進めると，予算がないままクラッシュしてしまう。現状は，この状況に近い。

文科省は，部活動を2または3で進めることで，教員の負担を軽減し，民間活力を導入するネオリベラリズム型政策（アベノミクス）推進を志向していた，と私は推察している。

１の方向性で進めるのであれば，教育およびスポーツ関係者は一丸となって，数千億円以上の予算を確保する必要がある（今回は数百億の予算を半分に減らされている。その50倍くらいの予算を獲得する必要がある）。また，民間活力導入を教育に適用する是非も含め（ネオリベラリズム型施策を基盤インフラや教育などに導入するべきではないという意見は欧米などでも根強い）きちんと統一する必要がある。

　上杉鷹山公は「米百俵」をその場で分けずに人材育成に使ったとされている。教育に関係する人たちだけでなく，すでに「もう俺たちは関係ない」「スポーツなんて，俺たちやらないから知らない」という高齢者や，アンチスポーツの人々にも，きちんと理解してもらって，（たぶん増税になる）予算をねん出する必要がある。

　１でも，２でも，３でも課題を解決できれば，子どもたち（さらには大人も含め）のスポーツの環境は整う。

　１を選ぶにしても（あるいは２，３を選ぶにしても）とにかくそれぞれの課題を解決しない限り，確実に環境は悪化していく。なので，１，２，３に政治信条的に拘りがなければ，一番早く解決できるものを選択するのが，スポーツ環境のためには重要だと私は考えている。論点や課題を整理せず，中央官庁の予算を獲りに行き迷走してしまうとスポーツ環境がクラッシュする可能性が高まる。今やるべきことは，地方自治体（あるいは各地域が）１，２，３のどれを志向して進むか，を決めて突っ走ることである。

　現実的には，公立の小中学校は市町村立なので，県知事ではなく，市長，町長，村長が実行力のある地域が重要で，東京，大阪，名古屋などの大都市圏では難しく，大都市の外側にある郊外衛星都市の市で，やる気のある市長が居る所で思い切った施策を打ち出すまちが出てくることを期待している。

# 03 都市防災のツールとしてのスポーツ

　都市コミュニティと農村コミュニティの違いはなにか。一般的な農村コミュニティは第一，第二，第三空間が単一であり，居心地が悪くても選択すること

は難しく濃密な人間関係の中でコミュニティがある。一方で，前述のように都市では第一，第二，第三の空間が存在し，都市住民は３つの空間を移動往来する。形としてはそれぞれの空間にコミュニティは存在するが，都市住民は複数のコミュニティに所属し，各コミュニティの滞在時間をある程度調整することが可能である。第一，第二空間の居心地が悪ければ，第三空間を選択して滞在すること，さらには複数の第三空間の中から好みの第三空間を選択することが可能である。都市コミュニティは農村コミュニティに比較して人間関係が希薄である，と言われているのは，大雑把に言えば上記のような理由である。都市コミュニティで問題となる「自治会」は，第一空間によって成立するコミュニティであり，当然農村コミュニティよりも加入率は低くなり活動が停滞しがちだし，第二空間である職場や学校コミュニティも生活のための選択であり，人間関係に問題が生じても逃げることが難しい。第一空間，第二空間でのコミュニティ活動は，「義務」と捉えられがちで，生活のためにいやいや参加する人も多い。

　第三空間におけるコミュニティは，基本的に進退が自由に決められる。第三空間でのコミュニティ活動も「義務」かもしれないが，それは各自が好きな第三空間での権利とセットになっているので，仕方なく参加するというよりも，ある程度自発的に参加すると考えられる。

　柄谷行人のB「国家」C「資本」の次のD「X」が「コミュニティ」として考えるのであれば，それは第一空間が戸籍をもとにB「国家」に，第二空間が職場としてC「資本」の場であれば，第三空間こそD「X」の場なのではないかと考える。

　飲食店での常連仲間や，一緒に音楽を奏でる仲間などで構成される第三空間のコミュニティは多様な形があるが，その中で大きな位置を占めるのはスポーツコミュニティである。大衆スポーツは都市問題の解決策として，都市化とともに発展してきた歴史があり，農村と比較して運動する場や仕事がなくストレスの多い都市における住民の健康の場としてスポーツが行われてきた。都市の中で限られたスペースを「プレイグラウンド」として住民が利用してきたので

ある。欧米の多くの国では，プレイグラウンドムーブメントは，プレイグラウンドに設置された「レクリエーションセンター」と呼ばれる建物を有し，屋内スポーツだけでなく，そこで住民のコミュニティとして，アートやコミュニティ活動が行われる場として発展していた。

　日本ではこの「プレイグラウンド」ムーブメントが，「レクリエーションセンター」の段階に発展せず，その代わり，学校内にスポーツ施設が造られてきた歴史を持つ。1920年代にスポーツの所管を内務省と文部省が争い，1928年にスポーツは，文部省の所管となって以来，当時の軍国主義を背景に陸軍による教練の場としても学校体育施設の充実が進められた。その結果，日本のスポーツ施設の三分の二は学校にある。日本の公立小中学校には運動場，体育館，プールが整備されていて，体育教員も配置されており，世界のスポーツ関係者から羨ましがられている。しかし，そこには各国にみられる「レクリエーションセンター」のようなコミュニティセンターとしての施設は存在せず，戦前・戦中は頑健な兵士を，戦後は健康な企業戦士を育成する第二空間としてスポーツが行われている。一方で，サッカーなどの日本のスポーツ関係者は，ドイツのスポーツシューレなどの公立スポーツ施設とスポーツフェラインによる運営の充実を理想としている。

　世界的にスポーツは第三空間で行われ，第三空間を充実させる国が多かったが，日本はスポーツを『学校教育』という第二空間で行い，第二空間のスポーツ施設を充実させた。

　この歴史的な認識を持たずに，「ドイツの様にスポーツを地域で行う」という施策を進めれば，混乱は免れない。

　1つは，スポーツを『教育』として子どもたちだけに施すのか。それとも，他国の様に高齢者を含めた国民すべてに『余暇（レクリエーション）』として行うことでコミュニティへの参加を促すのか。日本は前者には予算を投下してきたが，後者に関してはほとんど予算を投下していない。後者に予算を投下するためには，前節で述べた様にスポーツ（部活動）の定義を見直して，役所の所管を明確にする必要がある。あくまでも『教育』の所管として文科省の外局と

してのスポーツ庁に置くのであれば，学校教育と社会教育の中でスポーツのあり方の再定義が必要であるし，『教育』だけでなく，高齢者の健康で医療費削減を狙うのであれば厚生省の，コミュニティの活性化であれば総務省の所管の中でのスポーツを見直し，スポーツ省を実現させる必要もあるだろう。

　特に，スポーツを第二空間で行うか，第三空間で行うのか。また，日本の都市における第三空間の整備をどうするのか，という視点で考えた時に重要になるのが，公立学校の運動場を中心としたスポーツ施設の存在である。そもそも都市にスポーツを行うような広い場所を今後確保することは難しい。発展途上国であった戦前日本では，人口動態は，高齢者が少なく子どもが多いピラミッド型だったので，「子供」に「教育」するためにスポーツ施設を学校に設置して優先的に使うことは理に適っていたと思われるが，現在の人口動態は，高齢者が多く，子どもが少ない少子高齢化の逆ピラミッド型であり，社会が抱えている問題は戦前とは全く異なる。高齢者の介護を下の世代に押し付けず元気な高齢者で居続けるにはどうすればいいのか。高齢者に適度な運動とコミュニティの場をどこにつくるのか。今までの「社会教育」「生涯教育」のための施設では全く足りない。それを増やす予算もない。学校施設の利用を検討するべき時期である。

　日本のスポーツ施設の三分の二は学校にあるが，学校でスポーツをしている人は，19％しかいない。学校のスポーツ施設の利用率は極端に低いと考えられる。

　学校施設は，授業に支障のない限り社会に貸し出さねばならない，とされてはいるが，その判断は学校長に一任されている。学校長は教育者であり，スポーツ施設の運営者ではない。学校スポーツ施設の運営者を置くべきだし，その運営者を地域のコミュニティが担うべきである。

　施設の所有・経営・運営の分離は，ホテルなどＣ「資本」では当然に行われているが，学校や公園などのＢ「国家」では，指定管理者制度などの新自由主義（ネオリベラリズム）で導入が始まったばかりである。前述したように，日本ではPFIをはじめとしてＢ「国家」の予算削減のためにＣ「資本」の導入が

盛んであるが，必ずしもＣ「資本」の導入によるＢ「国家」の予算削減が，市民にとって良い結果をもたらすとは限らない。場合によっては，Ｃ「資本」の都合による過剰な開発が行われ，環境の悪化が心配されるケースもあるだろう。それを防ぐのが，Ｄ「Ｘ」＝コミュニティによる経営であり，Ｂ「国家」による所有とＣ「資本」による運営の間で，Ｄ「Ｘ」＝コミュニティによる経営が行われることが望ましい。

　ドイツのブンデスリーガのチーム経営には「50＋1ルール」が存在しているのは，おそらく，ブンデスリーガのチームを公共財と考えた時，Ｂ「国家」やＣ「資本」による経営が行われた結果，地元の公共財が地元市民のためにならないケースが起きる可能性があり，それを防ぐためのルールであろう。日本のプロスポーツでは，盛んにＣ「資本」の導入を謳っているが，資本の導入は重要であるが，同時にＤ「Ｘ」＝コミュニティによる経営をどうしていくのか，について検討しておかないと，東京2020のようなＣ「資本」による行き過ぎが生じる可能性がある。

　ベックは『リスク社会』の中で，自然災害だけでなくテロリズムや戦争などの人災も含めさまざまな災害リスクに備えるためには，自助と公助だけでなく，コミュニティによる共助が重要である，と指摘している。

　これからの日本で，都市部を大規模災害が襲った時に，日本の都市は共助の礎となるコミュニティはあるのだろうか。義務感で参加している自治会や会社勤めをしていれば職場からの安否確認があるかもしれない。しかし，そういった人間関係が薄い都市住民，1人暮らしの高齢者は，家具の下敷きになって身動きが取れなくなった時に，「大丈夫ですか」と尋ねて来る隣人も居ないだろう。いつも食事をとる飲食店の常連であれば，「あの人，来ないね」と話題になって見に来る人がいるかもしれない。少なくとも，なんらかのコミュニティに所属して，共助できるようにしておくことがリスクの多い社会で生き残るすべなのである。

　では，こうしたコミュニティをどうやってつくるのか。

　世界的にプレイグラウンドムーブメントはスポーツを通じてコミュニティビ

ルディングに役立ってきた。日本ではプレイグラウンドムーブメントを途中で学校にスポーツ施設をつくる動きに変えてしまったので，今からは，学校のスポーツ施設でコミュニティビルディングをする必要がある。

それが，災害に対するコミュニティをつくる防災活動の１つになるだろう。

NHKが放送したドキュメンタリーでは，ウクライナ東部のドネックから，ロシアの侵攻から避難した老人が出ていた。老人はシャフタール・ドネックという地元サッカーチームの帽子などを身につけて，「この身１つで避難して来た」と語り，ウクライナのサッカーリーグを戦うチームをスマホの動画で応援していた。彼にとっては，戦争で破壊された第一空間や第二空間を，スマホの動画というバーチャルな第三空間が繋いでいる。彼らは災害に対して共助するだろうし，災害後の復興でも必ず地元チームを再興させるに違いない。それは，B「国家」やC「資本」よりも強いレジリエンスのあるD「X」＝コミュニティの力なのだろう。

そのコミュニティをつくる（ビルディング）には，アートや音楽やスポーツと言った第三空間のもつ役割が大切なのではないか。それらの中で，特にスポーツには多くの人を参加させることが可能な重要な役割を持っている。

これからは，日本におけるスポーツの役割を「教育」だけでなく「コミュニティビルディング」にシフトする必要がある。

## シンポジウムの前に

ここまで，都市とスポーツと言う風変わりなシンポジウムにあたって，私の考えを述べさせていただいた。少々長くなったかもしれない。お詫び申し上げる。

ここからは，その都市とスポーツに関する専門家の方々に集まっていただき，それぞれの専門分野についてお話しいただく。

DAY１では「部活動」DAY２では「防災」をキーワードにした。その理由はここまで読んでいただいた方にはご理解いただけただろう。

それぞれの方にシンポジウムで語っていただいた後，原稿を頂戴し掲載させていただいた。それぞれの方のニュアンスや熱量も含めて大切にするため，ですます調やである調の統一はあえてせずに，自由に書いていただいている。ご承知いただきたい。

（花内　誠）

# I

部活動から見る
都市とスポーツ

# 1

## 基調講演
## 「都市とスポーツ　スポーツまちづくりのすすめ」

　花内さん，ご紹介ありがとうございます。それでは，これから私の話をさせていただきます。

　「都市とスポーツ」ということで，サブタイトルというか主題というか，「スポーツまちづくりのすすめ」ということで今日皆さんにお話をしたいと思っています。

　私は，少し自己紹介すると，いろいろな主体が連携したいわゆる「共創まちづくり」というのを，この20年くらい専門にして探究をしてきています。実践的なことをやりながら理論的なことにフィードバックしたりとか，理論的な研究を実践的なことにフィードバックするというようなことで研究をさせていただいています。スポーツ関係でいうと，いわゆるコミュニティをヘルシー＆スマートで活動できるようなものにするということについての取り組みをさせていただいたりとか，それからスポーツクラブの調査をして，地域との連携とか安定的な持続的な経営ということを考えたときに，どういう課題があるのかということを検討したり，それからもちろんまちづくりということなので，スタジアムというものをどううまくつくっていったらいいのかということを研究をしております。あと地域連携という意味では，リビングラボの取り組みを通じて地域連携をするという取り組みを東京大学の先端研（先端科学技術研究センター）の方でさせていただいています。

　ここからが主題になりますが，ある種の社会的文脈から少し話をさせていただければと思っております。日本は，もちろん皆さんご存じだと思うのですが，

人口も減っておりましたが，世帯数ももう減少局面に入っているということで，それが何をもたらすのかということで，１つは，例えば世帯が大きく減少しているような地域では，ある種，地域の活動であるとか担い手，コミュニティ活動ができないとか，そういう社会的な問題が大きく発生します。それから世帯数が減少するということは，すなわち空き家が増えるということでもあって，さまざまな空間的な資源も劣化する可能性があるというような状況になっております。

　それからもう１つの大きな文脈として高齢化の問題がありまして，日本は世界のトップランナーなわけですね。この10年間，ずっとトップランナーであり続けていて，おそらく追いつかれることはまずないというような高齢化なんです。ただ，東アジアとか，それからシンガポールやインドネシアなんかもそうなんですが，日本の後を追うようなかたちで10年とか20年ぐらいのビハインドで高齢化が進展するということが予想されていますので，日本のいまの取り組みというものが，おそらく世界中のいろいろな国の高齢化に役に立つと。高齢化も実は世界的な現象で，気候変動と同じようにグローバルなイシューの１つだとの認識をする必要があります。

　日本の場合もそうなんですけれど，実は，かつては高齢化というと地方の問題だったのですが，地方の問題ではなくて都市の問題だというふうに近年はだんだん状況が変わりつつあります。日本の場合も高齢者の増加ということで見ると大都市圏の方がむしろ顕著な増加をして，これから非常に苦しい状況になるということが予想されていて，この10年，15年，20年が勝負になるというような状況ですね。

　その高齢化が進むのですが，家族の状況等を見てみると，いわゆる単独の世帯であるとか，それから夫婦のみの世帯というのが非常に増加している傾向にありまして，その中でどうやって高齢者を。高齢者の方も単独の世帯が非常に増えていますね。ということで，結婚しない方が増えたりとか離婚する方も増えているし，死別される方も多いということで，１人世帯の高齢者の見守りをどうするのかということも，大きな社会的な課題にもうすでになっているとい

う状況だと思います。

　という話で，厚労省の資料を見ると，誰がというのは違うんですけれども，「どこで」というのは全て自宅でということなんですね。ご本人もやはり自宅でなるべく介護してほしいというご希望があると。一方で家族について見ても，「誰を」というところを見ると，もちろん自分がもうちょっと積極的に関わりたいというのは高齢者よりも希望としては多いのですが，「どこで」というところで見ると，高齢者と同様に80％近くの方が自宅がいいんじゃないかと考えていると。これはエージング・イン・プレイスという言葉で表現されたりしますが，住み慣れた自宅や地域で終末期まで暮らせるようにするということが大事だというふうに考えられています。

　それからもう１つ，高齢化や少子化，それから人口減少，世帯減と関連することとして，われわれの領域でいうと，空き家が増えるということもあるのですが，例えば公物，さまざまな公共が所有しているようなインフラであるとか，公的な建築施設が，高度成長期にたくさんつくられていて，それらが老朽化する状況になっていて，建て替えであるとか大規模修繕とかさまざまな手当てが必要になる，そういう状況にあります。これまでの維持管理費に比べると，おおむね２倍強の維持管理費が必要になるということが予想されています。多くが大都市圏の郊外で，やはりこういう状況にこれから突入するということになっているというのが，また特徴的なところでもあります。

　これら以外にも，例えば社会的孤立の問題でいっても，OECD のデータで，初めて見たときに非常に驚いたわけですけれども，社会的孤立のリスクが高い方が日本は世界で最も多いということですね。

　同じような OECD の資料によると，実は日本は労働時間がめちゃくちゃ長いと。男性の労働時間が長いということで，このことと社会的孤立が発生しやすいリスクが高いということが，おそらくは関係しているのではないかと。実証的な分析をしているわけではないのですが，そういうふうに想定できるのではないかということです。

　それで，じゃあそれについてどういうふうに取り組むのかということで，さ

まざまな問題を解決する手段としてスポーツまちづくりというアプローチも有効なのではないかということを，今日は皆さんにお話したいと考えています。

「スポーツまちづくりとは？」ということで，おそらく「スポーツまちづくり」という言葉を初めて使ったのは私ではないかと思っています。文献を検索すると2015年に『みんなのスポーツ』という雑誌の中でスポーツまちづくりという考え方を提起しているのですが，それがたぶん初出じゃないかと思っています。

そこで私が書いたのは，多様なスポーツを誰もが身近に気軽に楽しめるような物理的な環境，スポーツ施設みたいなものももちろん大事ですね。ですし，運動できるような空間的な環境というのはもちろん大事なんですが，それだけではなくて，さまざまなかたちでそこに活動が展開できるような社会的環境を，うまく併せてつくり上げていくということですね。それを誰がということで考えれば，特定な主体がということではなくて，さまざまな主体のまさに私が研究している共創的なアプローチでつくり上げていく。それが最終的には文化になるようなかたちでつくり上げていくと，そういうことが大事じゃないかというふうに考えております。

スポーツまちづくりをすると，どんないいことがあるのかということで，1つはコミュニティの成員の健康状態を高めるような効果が期待できるし，社会的紐帯を強めることであるとか，結果的に1人1人の成員がそうなることや連帯とか社会的紐帯が形成されることで，持続可能性の高いコミュニティになっていくということが期待されます。

このスポーツまちづくりに関連して，おそらくはもしかすると初めて聞かれる方も多いのではないかということだと思うのですが，2つのキーワードをちょっと今日は皆さんにご提示したいと思っています。

1つ目がプレイスメイキングということです。プレイスというのは場とか場所。学術的には「場所」と訳すことが多いのですが，人々が集えたり暮らすことができるような，ある種の物理的な環境としての空間ですね。それと，それだけではなくて，そこにさまざまな機会とか体験できるような，ある種の取り

組みが存在している，社会的な環境がひも付いている，そういうところを「場所」ないしは「場」と呼んだりします。

　ある種スペースとしての空間をプレイスに変えることをプレイスメイキングと称しているわけですね。さまざまな空間的な資源とさまざまな活動とかアクティビティや組織を結び付けていって，多様な体験とか多様な場所としての価値をいろいろな人に提供できるようなものにしていく，そのことをプレイスメイキングと呼んでいます。

　例えば最近，特にプレイスメイキングで注目されているのは，このような公共空間をみんなが活動できるような場所にしたり集えるような場所にするということを指したりしますが，その中でも，例えばこういうある種のスポーツを中心にその場所をつくるというようなことの取り組みが世界各地で行われています。さまざまな組織と空間的資源を結び付けていって，時系列にうまくそれらを資源化していく，そんなような取り組みのイメージです。

　もう1つ，皆さんに本日お伝えしたいことがアクティブ・デザインという考え方です。これはプレイスメイキングの考え方にも非常に近いのですが，特にスポーツとか人々のある種の物理的な環境のデザインワークをしたり，そこにある種の社会的取り組みを組み合わせることで，スポーツをしたり，スポーツまでいかないけれどもある種の体を動かすような環境をつくり出す。私の言葉でいうと「スポーツをまちに埋め込む」ということを発想するような，そういう取り組みです。

　これはニューヨーク市に実際に，そういうアクティブ・デザインということを地域の中でどう実践するのかということについて，ガイドラインがあるんですね。それで，これは地域のある種のNPOの団体さんとか自治会のような団体さんに対して，こういう取り組みをぜひ地域地域で展開してくださいというようなことを促しているわけです。例えば自分たちの地域の中のストリートを一部歩行者が優先するような通りにして，スケートボードのある種の大会を若者向けにやったりとか，そういうことをするようなことがその中にも書かれています。

実際に少しプレイスメイキングやこのアクティブ・デザインの考え方を取り入れたような取り組みがイギリスでいい例があるので，ウエストウェイという高架道路ですね。その下を活用した非常に素晴らしい例があります。本当に寂れた高架下で誰も見向きもしないような地域だったところをNPOが借り上げて，そこでさまざまな若者たちの活動ができるようなスポーツですね。スポーツを中心とした活動ができるような場所にして，見事に地域としての価値をよみがえらせたという，素晴らしい事例です。担っているのはNPOと申し上げましたが，日本の最近の言葉で言えば「社会的企業」に近いかもしれないですね。非常に事業性があって運営をうまく進めている，そういう団体があって，やっています。

　では，日本でそういう取り組みがあるのかないのかという話で，少し私が関わっている事例を紹介して私の話は終わりにしたいと思うのですが，1つは，いま私が代表理事を務めている渋谷未来デザインという組織があります。その組織はさまざまな主体を連携させて，渋谷をこれから魅力的なまちにしていく，そういう取り組みをしている組織です。

　われわれの組織で1つ頑張っているのが，若い世代が渋谷の中でさまざまなかたちで交流できるような空間，子どもたちの遊び環境とかスポーツできる環境というのは，都市部は非常に貧弱・脆弱ですので，子育てをする環境というのも非常に脆弱になっていますから，そういうものを渋谷のようなまちでもうまくスポーツが取り組めるような，そういう環境をつくれないかということでやっているものです。ダブルダッチの大会をやったりとかダンスの大会をやったりとか，そんなような取り組みをやっています。けん玉のワークショップをやったりとか，そんなようなことをやっています。

　それからもう1つは，渋谷のような都心ではなくて，郊外の住宅地でもそういう取り組みができるんじゃないかということで，これはもう十数年来の取り組みになっているのですが，横浜市の青葉区のたまプラーザという駅があるのですが，その駅の周辺の地域のまちづくりです。そこにさまざまな活動が埋め込まれたような地域づくりをしようということを考えて，横浜市や東急さんと

協力してこのプロジェクトを進めてきました。こういうワークショップとかを続けていって，ビジョンをつくって，住民の皆さんとか企業で皆さんと，それから横浜市の皆さんで協力して，実際にまちをよくするプロジェクトを提案していただいたんです。それを実践するところまで，われわれの方でサポートをしてアクティベートした，そういう事例でございます。

　その結果生まれた活動の1つなんですけれども，駅前広場という普通は交通のための施設なんですね，駅前広場って日本の場合は，大変残念ながら。そういう空間を自分たちのある種の活動の場にしたいという，そういう団体が出てきました。この人たちは，実はフラッシュモブという，その当時非常にはやっていた突然踊りだすような，そういうことをこの駅前広場でやりたいということで，途中でダンスを組み入れてアクティブに体を動かしながら，みんなで楽しむということを広場でやりたいということで提案をして，実際に実践したという団体さんです。

　この広場でやるだけではなくて，この後，商店街でまたパフォーミングアートですかね，ダンスをやったりとか，ダブルダッチをやったりとか，運動をやったりとか，そういうことをやったりとか，公園があまり利活用されていないので，その公園でやはりパフォーミングアートをやったりとか。それから公営系の住宅の団地があって，そういうところでもパフォーミングアートをやる，団地の広場を活用すると。いろいろな場所でずっと継続的な活動をするような，そういう団体さんになっています。これは，まさに地域のさまざまな資源を活用して，その場所を自分たちのある種の活動の場にしていく，体を動かしながらつながるような場所にしていく，そういうような取り組みです。

　それから，これはいわゆるコミュニティカフェというものなんですが，非常に発想が面白くて，この地域は早朝に。いま，日本の住宅地では，朝，高齢者の方がウォーキングする方が非常に多いんですね。そういう高齢者の方でも参加できるような，そういう方々が交流できるような朝から開いているようなカフェがあるといいのではないかという，そういう発想で事業を始めた方がいらっしゃいます。早朝からそういうカフェを開いて，昼間はお母さんとか子ど

もの居場所として使って，夜はライブハウスで少し収益性を持って事業をすると，そのような企画で事業をスタートされた団体さんです。

　それからこれは最後の団体になりますが，公共空間を活用してプレママたちがつながるような取り組みが欲しいと。しかも無事出産につながるような，少し心身を整えるような，そういう取り組みができないかということで，このわれわれの取り組みに参加してくださった，これからお母さんになるという若い女性と，それからこのエリアでずっとスポーツ関係の取り組みをしてきた高齢女性の方々がつながって，このプロジェクトを立ち上げて実践したというものです。これを体育館でやったり，駅前でまさに広場でまたやっているんですけれども，そういう場所を自分たちのまさにプレイスにしながらスポーツや関連する取り組みをしているという，そういう例の1つです。

　最後に，さらに地方都市のしかも震災の影響のあった，被害のあった陸前高田で，われわれがやはり関わっていたプロジェクト，りくカフェのプロジェクトについてお話して終了したいと思いますが，その中で「ヘルシービレッジ」という構想で，このまちづくりを進めることになったのですが，最初，こういう仮設のカフェをつくって，それで台所も付けたのですが，なかなか本格的に料理をするような環境はできなかったのですが，非常に人気のあるカフェだったので，これを仮設ではなくて本設のものにしようということで，しっかりと料理も出せるようなキッチンも整備した本設のカフェ。これも仮設のカフェは，あるハウスメーカーさんが提供してくださったのですが，本設のカフェはさまざまな企業や財団とか，あとは寄付とか，それから自分たちもお金を出して新しくつくったというような場所です。

　コミュニティ形成の非常にいい場所になっていて，さまざまなところから高く評価されている取り組みなのですが，坂本龍一さんとかそういう著名なアーティストの方も立ち寄ってくださるような，そんな場所になっています。

　その中で，これは最近，この5年ぐらい前から始めていた取り組みに，介護予防事業の取り組みがあります。「スマートクラブ」という取り組みを立ち上げて，最初，血圧とか体重を測定して，簡単な体操をして少しアクティベート

して，座学をやって少し健康に対する知識も付けて，最後はおいしい昼食を，健康食ですよね，カフェが提供するものを食べて帰るという，そういうプログラムを開発して実践したというものです。これが体操しているところで，ある種，認知機能を高めたり，さまざまな運動能力を維持できるような，健康を維持するような体操を，インストラクターのもとで実施すると。ストレッチもやって，その後，さまざまなかたちで講義を受けた後に，こういう健康食を食べてみんな元気になると，そういう取り組みです。

　これもある種の場所を提供することで，さまざまな高齢者にとってのある種のつながりを持つ場でもあるし，健康になるような，そういう場所性も持っているということで，プレイスメイキングの観点から非常に面白く特徴的で有効な取り組みではないかというふうに考えています。

　私の発表はこれで終了します。スポーツまちづくりを，プレイスメイキングのアプローチやアクティブ・デザインのアプローチを用いながら，皆さんと進めることができればよいなというふうに考えています。ご静聴どうもありがとうございました。

（小泉　秀樹）

# 2

## クラブ，部活動と地域

## 01 | クラブ・部活動と結社の関係

　本稿では，「クラブや部活動が地域・社会にどのような意味をもってきたのか，これからどのような意味をもつべきなのか」について，これまでの研究成果を解説しながら私見を述べる。

　クラブと地域・社会の関係は，既に結社史の研究において検討されている。例えば『結社の世界史』(山川出版) という全5巻の本があり，① 結衆・結社の日本史，② 結社が描く中国近現代，③ アソシアシオンで読み解くフランス史，④ 結社のイギリス史──クラブから帝国まで，⑤ クラブが創った国　アメリカ，で構成されている。これらのなかでは，それぞれの国の結社・クラブが，社会の形成や文化の継承，発展に関わってきた歴史が詳述されている。日本語で結社というと政治的なニュアンスのみがつきまとうが，国際的な結社史の観点から捉えれば，クラブもまた社会や文化の接点となる結社なのである。

　同著の冒頭・「刊行にあたって」では，結社が以下のように定義されている。

　　「何らかの共通の目的・関心をみたすために，一定の約束のもとに，基本
　　　的には平等な資格で，自発的に加入した成員によって運営される，生計を
　　　目的としない私的な集団」

　この定義にあるように，結社は「一定の約束」「平等な資格」「自発的な加入」「成員よる運営 (自治)」といった特質があり，クラブもこの定義に含まれるた

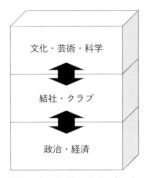

図2-1　結社・クラブの志向性

め結社として位置づけられている。実際に，クラブの語源について検討した中村敏雄によれば，この用語には「社交」「ワリカン（経費を平等に負担する）」「会員の自由な意思による自治」といった意味が含まれており，先ほどの結社の定義との共通点が確認できる。[1]

　このような特質をもつ結社・クラブが，文化・芸術・科学の自由や権利を実現する役割を果たしてきた。それは，さまざまな芸術家がサロン・クラブにおける交流を通して作品を生み出してきた歴史や，後述する近代スポーツクラブによるルールの変革，創造の歴史からも理解できるだろう。また，政党や労働組合のように，政治，経済に働きかけ，社会における自由や権利を獲得していく結社・クラブもあった。以下では，文化・芸術・科学，そして政治・経済に働きかける母胎として結社・クラブを捉え（図2-1），諸外国と日本の比較をしたうえで，学校のクラブである部活動の在り方についても考えていきたい。

# 02 イギリスの結社・クラブ

　まず，日本以外の結社・クラブの特徴を理解するために，近代スポーツ発祥の地であるイギリスにおける結社・クラブの特徴について解説する。図2-1で確認したように，結社・クラブには政治・経済に向かう志向性と，文化・芸術・科学に向かう志向性があるため，それぞれの観点から結社・クラブの特徴を明らかにしたい。政治・経済に向かう結社・クラブを検討するうえで，小林章夫らによる『クラブとサロン　なぜ人びとは集うのか』（NTT出版，1991年）が参考になる。同著では，政治的なクラブの例として，17世紀後半から18世紀初頭のロンドンで流行した，コーヒー・ハウスにおける社交が注目されている。[2]

　1675年には，「コーヒー・ハウスが政治的陰謀の巣窟になっている」と考え

た国王チャールズ二世が「コーヒー・ハウス閉鎖令」を出すが，猛烈な反対にあって僅か10日で撤回した歴史がある。すでにこの時点において，国王の命令であろうと結衆して対抗するような人間関係や組織が，コーヒー・ハウスの中にできていたのである。そして実際に，そのようなコーヒー・ハウスにおける社交を基盤にして，トーリー党やホイッグ党などの政党の組織化が進み，政治や社会的における自由や権利を実現していくのである。

　では，スポーツの結社・クラブは，どのような役割を果たしたのであろうか。ラグビーを例に挙げれば，1846年のラグビー校には「ナビースを禁じる」というルールがあった。「ナビース」とは，先端に鉄片をつけた靴のことであり，当初のフットボールのルールには，相手を傷つけることをねらいとするような靴を用いたハッキング（蹴ること）が認められていたが，それを禁止するようになるのである。この例が示すように，近代以前のスポーツは祭りの中で行われていたこともあり非合理的なルールが残存していたが，スポーツクラブがそれを禁止し，新しいルールを創造していった。実際に「ナビースを禁じる」だけでなく，プレーする人数を70人から20人に減らし，レフリーに笛を使用させてペナルティーを課すことを求め，新たにフォワードというポジションを設けて相手に蹴られないような戦術・スクラムを提案していく。近代のスポーツクラブは，そこでの合議・合意を基盤にしながらルールの変革，創造に関わり，文化を享受するうえでの自由や権利を実現してきたのである。[3]

　このような歴史をふまえれば，さまざまな自由や権利を実現するうえで，結社・クラブが重要な役割を果たすことが理解できよう。言い方を変えれば，結社・クラブをつくったり，活動したりすることまでを含んで，文化，そして社会における権利や自由を論じる必要がある。

## 03 日本の結社・クラブ

　日本における結社・クラブについても確認しておく。先に取りあげた『クラブとサロン　なぜ人びとは集うのか』においては，日本の政治的な結社として

一揆が取り上げられている[4]。実際に一揆においては，一揆制約状を作成して行動目的を明確にし，「メンバーは全員平等であり，その集団意思決定は衆議による多数決を持ってした」と言われており，01で示した結社の定義と通じる部分がある。しかし，以下の指摘にあるように，日本の一揆は諸外国の結社・クラブと同列には並べることができない課題を有していた。

> 「それはあくまでも利害を異にする階層に対して，反対意思表示して軍事行動する非日常的な集団にとどまり，ヨーロッパのクラブのような政治から趣味の領域におよぶ宗教性，階層性，地縁性を脱した普遍的な集団活動原理には発展しなかった。……略……一揆の主体であった惣の経営者たちは，その家臣団体化されていき，さらに下層に結成された土一揆や一向一揆，法華一揆などを制圧していくことになった。肯定的一揆から否定的一揆への転化がおこり，一揆は日本型クラブへの道を閉ざされたとも言える」
> （下線，筆者）

　下線を引いたように，一揆は軍事行動のための集団にとどまってしまい，普遍的な集団活動原理にも至らず，諸外国の結社・クラブのようにはならなかったのである。

　次に，日本の文化的なクラブにも注目していく。同著では，文化的なクラブの例として，座が取り上げられている[5]。周知の通り，座は平安時代から戦国時代における商工業者や芸能者による同業者組合を意味するが，そこでは慣習法的な座法や座中法度，場合によっては成文法をもち，平等な成員構成や加入，賦課，その他営業上の規約を定めていた。これらの点を見れば，01で引用した結社の定義に通じる部分が多く，同著においても「座もまた金銭，知恵，技術を出し合い，加入成員の共有財があり，その運営は座衆の自治，平等を原則とし，加入規約などが整備されている点でクラブの原型に近い」と評価されている。しかし座もまた，イギリスの結社・クラブとは同列に語れない課題を有していた。すなわち座が，「あくまで産業利権のための装置であり，このような特権的商業を否定する織豊政権によって解体されてからは……略……特殊な座

が残存したのみであった」（下線筆者）と総括されているように，産業利権の集団という枠組みを脱することができず，イギリスのスポーツクラブのように，これまでの風習や伝統を創り変えていくような組織ではなかった。L. T. ホブハウスが，団結を「平等をつうじて自由へ赴く運動である[6]」と論じたように，諸外国では政治や文化における自由や権利を行使するうえで結社・クラブが重視され，実際に活動してきたが，日本においてはそのような結社・クラブがすぐには根付かなかったのである。

　しかし，自由民権運動が展開された時期になるとさまざまな結社・クラブがつくられ，「無味蒙昧といわれた人々が目覚め，人的"結合"を通してその力を確認」し，「政治的にはそれが政党結成の前段階になるし，地域社会にとっては新しい地域共同体の形成に影響を与え，地方政治の改革や地域文化を創造する土壌[7]」となっていった。しかし，明治憲法体制になり，地方自治制度が確立される際には，村落共同体秩序を官僚的支配の末端に組み込むことがめざされ，自由民権運動の地方的基盤が奪われることになってしまう[8]。このような紆余曲折を経て現在に至っているが，政治思想史の研究者・石田雄は，「明治憲法体制下に中央政府に従属した『地方行政』単位におけるものとして『自治』が枠付けを受けてきた状況が，明治憲法から一世紀余りを経た今日，ようやく崩れる傾向を示している[9]」と指摘している。この指摘をした1998年には特定非営利活動促進法が制定され，組織的な市民活動を行う NPO 法人の条件整備が進められていたが，日本においても国家から自立した結社・クラブが誕生しうる機運が高まっていた。それをふまえ，同氏は以下のようにも述べている。

　　「『自治』における『治』の意味が自動詞から他動詞的用法に力点が移る傾向にみられる。すなわち自然的・有機体的統一体とみられていた単位（共同体的地域社会）の内で『自然に治まる』という意味を残していた状態から，個人の公正な手続きを経た合意によって，自分たちが統治の主体であり同時に客体であるという関係を創り出す作為を意味するものとしての『自治』に変わる方向にある」

02で触れたように，イギリスでは1675年の段階で国王と対峙しうる自治（他動詞的な自治）がコーヒー・ハウスで育まれており，スポーツに注目しても1846年にはラグビー校が独自のルールを設定していたことに見られるように結社・クラブの歴史は古い。しかし日本においては，石田の述べる「自動詞的な自治」を脱して結社・クラブの「他動詞的な自治」へと転換する兆しが，1990年代にようやく見え始めた状況にある。

# 04 クラブの保障体制の比較

　自由や権利を実現するという，結社・クラブの役割が認知されてきた諸外国においては，当然のことながらクラブの数も多い。例えば，以下の**表 2 - 1** では諸外国の人口，クラブの数，会員数が整理されているが，この表をもとに人口に対するクラブの割合（人口何人に対して 1 つのクラブが創られているか）を計算してみると，ドイツがおよそ939人，イギリス564人，フランス328人，デンマーク378人，フィンランド648人，ベルギー525人である。

　このように諸外国においては100人単位でクラブがつくられてきたが，日本はどうであろうか。筆者の手元には日本のクラブの実数を把握する資料が無いため，令和元年度における総合型地域スポーツクラブの実数[10]（3604）で人口（1億2616万人）を割ると約 3 万5000人に 1 つである。もちろん，総合型地域スポーツクラブ以外にも多様なクラブが存在するため，実際の割合・人口比はさらに低くなるであろうが[11]，国が重点的に進めているクラブでさえ，諸外国における100人単位で 1 つという状況とは大きく異なることを理解しておく必要があるだろう。

　結社・クラブへの意識の違いは，クラブを支える施設の整備にも反映する。表 2 - 2 は，諸外国と日本のスポーツ施設数について整理したものであり，下段では人口を施設数で割ることで，どれくらいの人口規模で施設がつくられているのかを示している。イギリスはおよそ776人に 1 つの施設がつくられ，ドイツは348人，フランスは247人，日本は2673人である。この表に記されている

表 2 - 1　ヨーロッパ各国のコミュニティ・スポーツクラブ事情とクラブライフ

| 国（人口　千人） | ドイツ（82,357） | イギリス（56,352） | フランス（56,634） |
|---|---|---|---|
| クラブ数 | 87,717 | 100,000〜150,000<br>(106,000) | 172,653 |
| 会員数 | 26,812,757 | 8,150,000 | 14,481,970 |
| クラブライフの<br>現状と課題 | 多世代/多・単一種目<br>一貫指導型<br>・伝統スポーツ組織の衰退<br>・多様なニーズへの対応<br>・ボランティア強化<br>・青少年スポーツの強化<br>・質の高いサービス強化<br>・民間フィットネスとの差別化 | 多世代/多・単一種目<br>一貫指導型<br>・ボランティア強化<br>・青少年スポーツの振興<br>・国民の運動能力の強化 | 多世代/多・単一種目<br>一貫指導型<br>・クラブのプロ化<br>・アマチュア主義とビジネス主義の葛藤<br>・専任指導者の雇用促進 |
| 国（人口　千人） | デンマーク（5,295） | フィンランド（5,181） | ベルギー（9,979） |
| クラブ数 | 14,000 | 8,000 | 19,000 |
| 会員数 | 1,700,000 | 1,500.000 | 1,150,000 |
| クラブライフの<br>現状と課題 | 多世代/多・単一種目<br>一貫指導型・分割指導型<br>・伝統スポーツ組織の衰退<br>・多様なニーズへの対応<br>・ボランティア強化：場所，任務の分配の限界，有給化との葛藤 | 多世代/多・単一種目<br>一貫指導型<br>・スポーツ組織変革：指令系統がトップダウンからボトムアップへ<br>・クラブ本位の顧客サービス重視 | 多世代/多・単一種目<br>一貫指導型<br>・青少年スポーツ強化<br>・クラブの活動目標の明確化と助成条件の設置<br>・キャンペーン活動の強化 |

出典：川西正志「ヨーロッパ諸国のスポーツクラブ」（川西正志・野川春夫編『生涯スポーツ実践論　改訂第4版』市村出版，2018年，30頁）。

データには，施設の規模等は含まれていないため詳細な比較はできないが，諸外国と比べて日本のスポーツ施設が少ないことは確認できるであろう。周知の通り，ドイツではゴールデンプランが策定され，予算措置をしながら計画的に施設を増やしてきた歴史があり，その他の国もクラブを成立させるために施設を整備してきたのである。

　日本も諸外国のスポーツ・フォア・オールの思想に学んで，1972年の保健体育審議会答申においてスポーツ施設の条件整備を進めようとした経緯がある。この答申は，15年後の1987年段階で「国民の20%が週1回程度スポーツする」ことをめざしており，表2-3のように人口に応じた施設数が設定された。[12]

表 2 - 2　スポーツ施設数の比較

|  | 日本 | イギリス | ドイツ | フランス |
|---|---|---|---|---|
| 人口 | 1億2710万人<br>(2015年) | 6413万人<br>(2013年) | 8065万人<br>(2013年) | 6672万人<br>(2016年) |
| 施設数 | 47536<br>(2015年) | 82558<br>(2013年) | 231441<br>(2013年) | 269497<br>(2016年) |
| 人口/施設数 | 26/3.8人 | 776.8人 | 348.5人 | 247.6人 |

出典：笹川スポーツ財団「諸外国のスポーツ振興施策の比較表」(2017)
のデータを用いて作成した（https：//www.ssf.or.jp/Portals/
0/resources/research/report/pdf/H29_7country_f.pdf）最
終アクセス2023年1月30日。

表 2 - 3　　日常生活圏域における体育・スポーツ施設の整備基準<br>（1972年保健体育審議会答申）

| 施設 \ 人口規模 | | 1万人 | 3万人 | 5万人 | 10万人 |
|---|---|---|---|---|---|
| 屋外運動場 | 運動広場 | 面積10,000m²の運動広場1カ所 | 面積10,000m²の運動広場2カ所 | 面積10,000m²の運動広場3カ所 | 面積10,000m²の運動広場6カ所 |
| | コート | 面積1,560m²のコート2カ所 | 面積2,200m²のコート4カ所 | 面積2,200m²のコート6カ所 | 面積2,840m²のコート10カ所 |
| 屋内運動場 | 体育館 | 床面積720m²の体育館1カ所 | 床面積720m²の体育館2カ所 | 床面積720m²の体育館3カ所 | 床面積720m²の体育館5カ所 |
| | 柔剣道場 | 床面積200m²の柔剣道場1カ所 | 床面積300m²の柔剣道場1カ所 | 床面積300m²の柔剣道場1カ所 | 床面積400m²の柔剣道場1カ所 |
| プール | | 水面積400m²のプール1カ所 | 水面積400m²のプール2カ所 | 水面積400m²のプール3カ所 | 水面積400m²のプール6カ所 |

　当然のことながら施設の設置には予算が必要であったが，答申後，1982年ま
で社会教育施設整備費は増額されてきた（表2-2）。しかし，その方針は続か
なかった。臨時行政調査会「行政改革に関する第五次答申」(1983) において，[13]
「住民の身近な施設であり基本的には地方公共団体独自で整備すべきものであ
ること等を考慮し，国の補助は，受益する範囲の広い大規模かつ基幹的なもの，
整備水準が極めて低く財政力の乏しい地方公共団体に対するもの等に限定し，
総額を縮減する」「各種施設設備が抑制されることになるが，これを補うため
学校・企業の体育施設等の開放が一層推進されることを期待する」と指摘され，

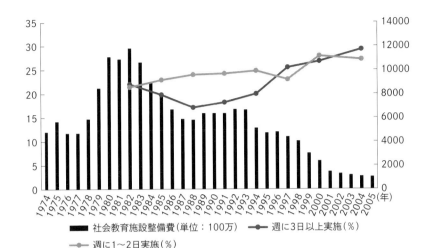

図2‐2　運動・スポーツの実施率と社会教育施設整備費の推移

出典：社会教育施設整備費のデータは，内海和雄「保健体育審議会『答申』の背景と内容──スポーツ
　　　政策における公共性と民営化の拮抗」(『一橋論叢』第121巻2号，143頁）と，澁谷茂樹『公共ス
　　　ポーツ施設整備財源に関する研究　報告書』(笹川スポーツ財団，2012年，7頁）を参照し，スポー
　　　ツ・運動の実施率に関してはスポーツ庁「令和3年度スポーツの実施状況等に関する世論調査」
　　　(https://www.mext.go.jp/sports/b_menu/houdou/jsa_00098.html，最終アクセス2023年1
　　　月30日）と，内閣府大臣官房政府広報室「体力・スポーツに関する世論調査」(平成21年度9月調
　　　査）を参考にした。

　実際に1983年以降，社会教育施設整備費は減額されていった（図2‐2）。同答
申は「社会体育や社会教育の施設は，その整備が全国的に相当進んでいる」と
指摘していたが，実際は異なる。表2‐4にあるように1980年段階で施設の充
足率が80％を越えているのは運動広場のみであり，その他は30〜40％台で
あった。[14]

　一方で「国民の20％が週1回程度スポーツする」という目標は達成していた
（図2‐2）。先の臨時行政調査会答申が示された前年の1982年には，「体力・ス
ポーツの世論調査」の結果が示されていたが，そこでは「週に3日以上運動や
スポーツを行った成人」は22％，「週に1日〜2日」は21.4％であった。日本
の政府はこのような状況に満足し，その後，施設の整備を進めなかったのであ
り，この点に諸外国との相違が見られる。すなわち，諸外国はスポーツの自由
や権利といったときに，やりたい人が，誰からも強制されずに行うという「自

表 2 - 4　体育・スポーツ施設整備基準に対する充足状況

| | A<br>必要施設数 | B<br>現有施設数 | C<br>基準規模以上<br>の換算カ所数 | D<br>充　足　率<br>（C÷A×100） |
|---|---|---|---|---|
| 運動広場 | 9,007 | 10,412 | 7,378 | 81.9 |
| コ ー ト<br>（面数） | 54,112 | 18,992 | 18,992 | 35.1 |
| 体 育 館 | 8,321 | 4,047 | 3,145 | 37.8 |
| 柔剣道場 | 3,540 | 2,490 | 1,554 | 43.9 |
| プ ー ル | 8,725 | 4,282 | 3,110 | 35.6 |
| 計 | 83,705 | 40,223 | 34,179 | 40.8 |

出典：文部省体育局スポーツ課「整備基準からみた体育・スポーツ施設の現況」（『健康
　　　と体力』第13巻9号）。

由権」的な捉え方にとどまらなかった。スポーツの自由や権利の母胎には結社・クラブが必要であり，それは施設・設備が無ければ成立し得ない。しかし施設・設備の整備は個人負担に馴染まないため，国が社会権の保障の観点から整備してきたのである。しかし日本の場合は，「自由権」的に「週に〇回」という活動レベルでしかスポーツの権利保障を捉えることができず，自由や権利を生み出す母胎として結社・クラブを位置づける思想や取り組みも脆弱であった。実際に，03で石田が指摘していた，国家に従属する「自動詞的な自治」を背景に，「社会権」としてスポーツの権利を捉える視点や，国にそれを要求する姿勢も弱く，施設・設備の整備も進まなかったのである。[15]

　同時に，日本においては文化・スポーツ活動に取り組むうえで，学校の施設・設備に依存していくことになり，部活動を通じてスポーツを振興していくという独自のシステムが生み出されていく。諸外国と比べれば学校の施設が充実していたこともあり，そこでクラブを教育活動として展開していくようになったのである。しかし，学校の体育・スポーツ施設も老朽化したり，統廃合によって活用されなくなったりしており，施設数は減少傾向にある。[16]

　いずれにしても，結社・クラブに関する認識や保障体制の面においても，日本と諸外国との間には歴然たる差がある。近年，部活動の地域移行が提案され

ているが，その際には「諸外国と同様に地域で実施したらよいではないか？」という主張が散見される。しかし，これまでの歴史や保障体制の違いをふまえれば，日本と諸外国のクラブを同列に議論することはできないのである。

# 05 | 部活動を結社・クラブにしていく実践

　スポーツ基本法に示されているように「スポーツを通じて幸福で豊かな生活を営むことは，全ての人々の権利」であるのならば，スポーツの実施率に一喜一憂するのではなく，諸外国と同様に自由や権利を生み出す基盤として結社・クラブを重視し，施設・設備の整備を進めていく必要がある。同時に，結社・クラブの思想や実践が遅れてきた歴史をふまえれば，学校教育のクラブ，すなわち部活動において，自由や権利を生み出していく組織的活動（自治や社交）を経験しておく必要もあるだろう。

　次頁の**表2-5**は，現状の部活動で生じている課題を誰が解決しているのかを調べた，質問紙調査の結果である。例えば，部活動において練習メニューの決定は避けられない課題（**表2-5の4**）であるが，現状の部活動において「生徒が主体となって決めている」のが中学校4％，高等学校13％であり，「大人が主体となって解決している」のが中学校32％，高等学校27％である。部活動が生徒主体の結社・クラブであるならば，生徒による自治や社交を追求していく必要があり，生じる課題を「みんな」で「解決していく」ことが大切である。しかし，**表2-5**からも確認できるように，それぞれの課題に対して「生徒主体で解決している」という回答は1桁台が多い。つまり，現状の部活動は結社・クラブにまで至っていないのであり，教師の管理に自然と治まる「自動詞的な自治」から，生徒が組織を自分たちで管理・運営していく「他動詞的な自治」への転換が求められている。

　そのような問題意識から，近年の部活動の実践研究では，**表2-6**のようなワークシートを活用して，部活動における社交（みんな）や自治（課題解決）を促していくことがめざされている。このワークシートは，まず，左列に並べら

表2-5　教育現場における「自治内容」の取り組み状況

| NO | 課題（質問項目） | 校種 | 1 大人が解決した | 2 生徒が解決した | 3 大人と生徒で解決した | NO | 課題（質問項目） | 校種 | 1 大人が解決した | 2 生徒が解決した | 3 大人と生徒で解決した |
|---|---|---|---|---|---|---|---|---|---|---|---|
| 1 | 大会や試合のルールを調べる | 中学校 | 58% | 4% | 29% | 13 | キャプテン以外の役割の決定 | 中学校 | 21% | 16% | 55% |
| | | 高校 | 42% | 7% | 33% | | | 高校 | 13% | 35% | 42% |
| | | 計 | 50% | 6% | 31% | | | 計 | 17% | 26% | 49% |
| 2 | 試合中に使う戦術・作戦・プラン | 中学校 | 38% | 3% | 55% | 14 | 組織運営に関わる約束事 | 中学校 | 33% | 5% | 55% |
| | | 高校 | 29% | 10% | 55% | | | 高校 | 25% | 9% | 56% |
| | | 計 | 34% | 6% | 55% | | | 計 | 29% | 7% | 56% |
| 3 | 部の目標や方針 | 中学校 | 14% | 19% | 63% | 15 | メンバーの募集 | 中学校 | 11% | 32% | 35% |
| | | 高校 | 18% | 19% | 58% | | | 高校 | 9% | 38% | 39% |
| | | 計 | 16% | 19% | 60% | | | 計 | 10% | 35% | 37% |
| 4 | 練習の内容 | 中学校 | 32% | 4% | 60% | 16 | 練習・ミーティングの日程 | 中学校 | 71% | 1% | 25% |
| | | 高校 | 27% | 13% | 56% | | | 高校 | 44% | 5% | 46% |
| | | 計 | 29% | 8% | 58% | | | 計 | 57% | 3% | 35% |
| 5 | 練習試合の相手 | 中学校 | 84% | 0% | 7% | 17 | 練習・ミーティングの時間 | 中学校 | 72% | 1% | 23% |
| | | 高校 | 71% | 1% | 16% | | | 高校 | 41% | 6% | 46% |
| | | 計 | 78% | 1% | 11% | | | 計 | 57% | 3% | 35% |
| 6 | 出場する大会 | 中学校 | 82% | 0% | 14% | 18 | 練習・ミーティングの場所 | 中学校 | 76% | 1% | 19% |
| | | 高校 | 71% | 1% | 20% | | | 高校 | 47% | 6% | 39% |
| | | 計 | 77% | 1% | 17% | | | 計 | 62% | 4% | 29% |
| 7 | 技術・戦術の課題を明らかにする | 中学校 | 36% | 2% | 52% | 19 | 練習試合の日程・時間・場所 | 中学校 | 85% | 0% | 7% |
| | | 高校 | 26% | 9% | 55% | | | 高校 | 69% | 0% | 20% |
| | | 計 | 31% | 6% | 53% | | | 計 | 77% | 0% | 14% |
| 8 | 大会に出場するメンバー | 中学校 | 69% | 1% | 27% | 20 | 部活動に必要な予算の計上・支払い | 中学校 | 84% | 1% | 12% |
| | | 高校 | 48% | 5% | 42% | | | 高校 | 74% | 1% | 19% |
| | | 計 | 58% | 3% | 34% | | | 計 | 79% | 1% | 15% |
| 9 | 大会・試合のポジション | 中学校 | 59% | 2% | 34% | 21 | 用具の準備や管理 | 中学校 | 9% | 24% | 63% |
| | | 高校 | 41% | 7% | 44% | | | 高校 | 8% | 31% | 56% |
| | | 計 | 50% | 5% | 39% | | | 計 | 9% | 28% | 59% |
| 10 | 学校名以外にクラブ・チーム名を付ける | 中学校 | 12% | 1% | 2% | 22 | 連絡手段の決定・整理 | 中学校 | 73% | 2% | 19% |
| | | 高校 | 7% | 2% | 3% | | | 高校 | 25% | 19% | 46% |
| | | 計 | 10% | 1% | 3% | | | 計 | 49% | 11% | 33% |
| 11 | 学校外から部活に必要な人を探し，依頼する | 中学校 | 44% | 0% | 3% | 23 | 学外で活動する時の移動手段や方法 | 中学校 | 66% | 5% | 25% |
| | | 高校 | 42% | 1% | 6% | | | 高校 | 32% | 12% | 50% |
| | | 計 | 43% | 1% | 4% | | | 計 | 49% | 9% | 38% |
| 12 | キャプテンの決定 | 中学校 | 13% | 14% | 59% | 24 | 学校内・外の施設利用の手続き | 中学校 | 86% | 0% | 4% |
| | | 高校 | 17% | 33% | 45% | | | 高校 | 71% | 2% | 17% |
| | | 計 | 15% | 24% | 52% | | | 計 | 78% | 1% | 11% |

出典：拙稿「コロナ禍で問われた運動部活動の5つの課題」（『体育科教育』68巻8号，24-27頁）。

表 2-6　クラブ・インテリジェンス・ワークシート（CIW）

| NO | 課題 | 教師が決める・解決する | 生徒が決める・解決する | | | 部活動指導員・外部指導者が決める・解決する | 左の三者（教師、生徒、部活動指導員・外部指導者）の全員で決める・解決する | 保護者に頼む・依頼をする |
|----|------|------|生徒と教師で決める|生徒だけで決める|生徒と指導員・者で決める|------|------|------|
| 例 | □□□□について解決するのは誰か？ | | 〇 ←上記の選択肢から1つ選んで〇をつけましょう | | | | | |
| 1 | 大会・試合・コンクールなどのルール・規則を調べるのは誰か？ | 〇·····▶ | | | | | | |
| 2 | 試合・公演などに使う戦術・作戦・プランを決めるのは誰か？ | 〇·····▶ | | | | | | |
| 3 | 練習の内容を決めるのは誰か？ | 〇 | | | | | | |
| 4 | 練習試合・合同練習の相手を決めるのは誰か？ | | | ◀····· | 〇 | | | |
| 5 | 出場する大会・コンクールを決めるのは誰か？ | 〇 | | | | | | |
| 6 | VTR分析などを通じてチーム・クラブの課題を示すのは誰か？ | | ◀····· | 〇 | | | | |
| 7 | 大会・試合・コンクールなどに出場するメンバーを決めるのは誰か？ | | | | ◀····· | 〇 | | |
| 8 | 大会・試合・コンクールなどに向けて、ポジション（個人競技の種目も含む）やパートなどを決めるのは誰か？ | 〇·····▶ | | | | | | |
| 9 | キャプテンを決めるのは誰か？ | 〇·····▶ | | | | | | |
| 10 | キャプテン以外の役割・係を決めるのは誰か？ | | | ◀····· | 〇 | | | |
| 11 | 部活動運営の細かな規則を決めるのは誰か？（②で決めた方針以外の規則・約束事を決めるのは誰か？） | | | 〇 | | | | |
| 12 | 部員・メンバーの募集をするのは誰か？ | | | | ◀····· | 〇 | | |
| 13 | 練習の日程、時間、場所を決めるのは誰か？ | | | 〇 | | | | |
| 14 | ミーティングの日程、時間、場所を決めるのは誰か？ | 〇·····▶ | | | | | | |
| 15 | 試合（練習試合・合同練習）の日程、時間、場所を決めるのは誰か？ | 〇·····▶ | | | | | | |
| 16 | 部活動に必要な予算を計上するのは誰か？ | 〇·····▶ | | | | | | |
| 17 | 予算の支払いをするのは誰か？ | | | | | | | |
| 18 | 用具の準備や管理をする（掃除を含む）のは誰か？ | | | 〇 | | | | |
| 19 | 部内の連絡をする伝達方法を決める（つくる）のは誰か？ | 〇·····▶ | | | | | | |
| 20 | 学外で活動する時の移動方法やアクセス方法を検討するのは誰か？ | | | | | ◀············ | | 〇 |
| 21 | 学内・学外の施設を借りるのは誰か？ | | | | | | | 〇 |

出典：拙著『僕たちの部活動改革　部活自治10のステップ』（かもがわ出版，2020年）。

れている21項目に整理された部活動で生じる課題を見て，解決している主体に〇がつけられる。解決のパターンは，表の上にある「教師が決める・解決する」「生徒が決める・解決する（生徒と教師で決める，生徒だけで決める，生徒と外部指導者・部活動指導員で決める），「部活動指導員・外部指導者が決める・解決する」「教師，生徒，部活動指導員・外部指導者の三者で決める・解決する」「保護者に頼む・相談する」から構成されており，該当する欄に〇をつけることで，現状の組織運営の実態が可視化される。

　そのうえで，これからの部活動の運営について考えることになる。具体的には，〇がついている現状の組織運営の実態から，意思決定の主体を生徒に変更できないかを検討し，変更できる場合には矢印を引いていく。この作業によって，これからの組織運営の在り方を可視化するとともに，生徒主体の運営（クラブの自治と社交）をめざしていくのである。例えば，宮城県塩竈市では教育委

員会が主導して，このようなワークシートを作成する作業を生徒の代表，顧問，外部指導者・部活動指導員，保護者の代表によって行い，学校と地域で「部活動の自治」を育てる実践に取り組んできた。あるいは，部活動の自治集団活動を1日・6時間で軌道に乗せる，クラブビルディング・キャンプ（ベーシック）という研修を行い，生徒自身による課題解決と部活動運営を促す取り組みを行っている地域・学校もある。

　部活動に参加する生徒は，入っていない生徒よりも政治に関心がある（無関心な生徒が少ない）という調査結果もあり，[17] 部活動において自治や社交を経験し，結社・クラブをつくる力を身につけていくことは，学校教育の目的である主権者教育を充実させる意味を持つ。またそれは，諸外国と同様に，地域における結社・クラブを充実させ，スポーツなどの文化活動や，社会における自由や権利の内実を豊かにしていく意義もある。そのため，教員の定数増加や，部活動をサポートできるスタッフの整備を前提にしながら，学校の部活動において自治や社交を追求していくことが今後の課題である。

注
1 ）中村敏雄『クラブ活動入門』（高校生文化研究会，1979年，30-32頁）。
2 ）小林章夫「情報が価値をもったとき──ロンドンのクラブ文化から──」，長島信一「情報ステーションの誕生──コーヒー・ハウスにはじまる──」（『クラブとサロン　なぜ人びとは集うのか』NTT出版，1991年，12，69頁）。
3 ）注1）前掲書，47-54頁。
4 ）高橋秀元「寄合と会所　日本型クラブとサロンをめぐって」（注2）前掲書，184頁）。
5 ）同上，184-185頁。
6 ）L. T. ホブハウス［吉崎祥司監訳］『自由主義──福祉国家への思想的転換』（大月書店，2010年，29頁）。
7 ）新井勝紘『自由民権と近代社会』（吉川弘文館，2004年，48-49頁）。
8 ）石田雄『自治　語の辞典』（二省堂，1998年，27頁）。
9 ）同上（114-115頁）。
10）スポーツ庁「令和元年度総合型地域スポーツクラブ育成状況調査」（https://www.mext.go.jp/sports/b_menu/sports/mcatetop05/list/detail/1412250_00001.htm）最終アクセス2023年1月30日。

11）例えば笹川スポーツ財団『スポーツライフ・データ2018』（102頁）においては，クラブ（民間のスポーツクラブを含む）の平均加入率が概ね10％台を推移している傾向が示されている。

12）内海和雄「保健体育審議会『答申』の背景と内容——スポーツ政策における公共性と民営化の拮抗」（『一橋論叢』第121巻 2 号，143頁）。

13）臨時行政調査会「行政改革に関する第五次答申」（https://www.ipss.go.jp/publication/j/shiryou/no.13/data/shiryou/souron/6.pdf）最終アクセス2023年 1 月30日。

14）なお，1972年答申で示された基準（面積）に達している施設の観点から充足率を計算すると，運動広場62.9％，体育館40.2％，プール21％，柔剣道場35.7％である（注12）前掲論文，284頁）。

15）なお，そのような状況下，1965年に新日本体育連盟（現在，新日本スポーツ連盟）が創立され，スポーツ・運動の権利や自由を社会権として位置づける活動を展開してきたことは注目されよう。

16）平成30年度体育・スポーツ施設現況調査結果の概要（https://www.mext.go.jp/sports/content/20200422-spt_stiiki-1368165.pdf）最終アクセス2023年 1 月30日。

17）信濃毎日新聞「県内高校生1400人意識調査」（2016年 1 月28日朝刊）。

（神谷　拓）

# 3

## 運動部活動の地域移行をめぐって

## 01 始まった運動部改革

　よろしくお願いします。友添秀則です。長くスポーツ倫理学，スポーツ教育学という領域を研究してまいりました。さらにスポーツの政策論や文化論も対象にしてまいりました。

　最初におわびをしなければいけないことがあります。花内先生からこのシンポジウムへのお誘いのお言葉をかけていただいたときに，てっきり運動部活動の地域移行をめぐっての「政策論」をお話しすればいいのかと思いこんでしまいました。と申しますのも，国の「運動部活動の地域移行に関する検討会議」の座長を拝命し，先ごろ提言をまとめましたので，てっきりそのように考えてしまいました。そういう意味では，私の発表は小泉先生と神谷先生のご発表とタイプも毛色も違う内容になるかと思います。むしろ文化論としての運動部活動をお話しするのであれば，もう少し早くわかっていれば，何とか対応できたかなと思っています。という事情もあって，今日は運動部活動の地域移行をめぐる政策のお話しということで，ご辛抱いただければと思います。

　いま，明治20年代から始まった日本の運動部活動が大きく変わろうとしています。我が国の学校運動部は，イギリスのパブリックスクールを明治20年代，旧制の高等学校であった一高（現・東京大学）や三高（現・京都大学）などのナンバースクールや東京高師（現・筑波大学），東京高商（現・一橋大学），早慶がまねて始まりました。このような我が国の部活が，来年の4月から休日の部活から

段階的に地域に移行する歴史的転換点という現在地にいます。つまり，部活をめぐっては抜本的に大きく変革されるという，いままさに渦中にいるという問題意識を持っています。

そういったところから，今日は学校運動部そのものを考えてみたいと思います。どちらかというと学校運動部に対して，いま，神谷先生のお話にもありましたけれども，運動部は学校にあった方がいいのではないかという声も根強くあるし，これにもまた一理あるとも思っています。私自身も学校運動部育ちですので，運動部が学校にあるべきという存在意義についてはよくわかっているつもりです。

## 02 運動部活動の現在地

最初に学校運動部の存在意義について確認をさせていただこうと思います。

学校運動部では，全ての生徒が運動部活動へ参加するかどうかの選択権が保障されているというものがあります。これは極めて大事なことです。それから，学校運動部が居場所として機能しているということです。ある生徒にとっては，授業は嫌だけど，担任の先生の顔も見たくないけれども，部活には行って，少し汗をかいて，その後，友達とおしゃべりしながらコンビニに寄って帰る。地域移行では，こういうお子さんの居場所が学校からなくなる可能性もあるということです。

それから，正規の教員の責任のもとで日常的に身近なスポーツの施設で指導を受けることができるということ。また何よりも，自主性や主体性，自治能力といったこういった教育的な資質・能力は学校でなければ育たず，一旦学校外に出すと育成することが難しいとも言われています。しかし，スポーツ教育学の研究成果をみてみますと，運動部自体にそのような機能があるわけではなく，スポーツそれ自体に教育的可能性があり，同時に指導者の力量に依存することが分かっていますので，学校外の活動であってもこのような人間形成に関わる能力は育成可能だということです。いま，あげた学校運動部の存在意義から，

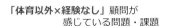

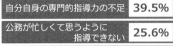

| 体育×経験あり | 「担当教科が保健体育」かつ「現在担当している部活動の競技経験あり」 |
|---|---|
| 体育×経験なし | 「担当教科が保健体育」かつ「現在担当している部活動の競技経験なし」 |
| 体育以外×経験あり | 「担当教科が保健体育でない」かつ「現在担当している部活動の競技経験あり」 |
| 体育以外×経験なし | 「担当教科が保健体育でない」かつ「現在担当している部活動の競技経験なし」 |

（公益財団法人日本体育協会（2014年）「学校運動部活動指導者の実態に関する調査報告書」）

**専門的知識を持った指導者による指導を
受けることができる環境の整備が必要**

図3-1　中学校部活動顧問の現状

日本の運動部は世界に例を見ない独特の日本型スポーツ教育システムであり，この部活が一度壊れると元に戻すことができないという地域移行反対論が強く出てくるわけです。

　ただし，現実的には水泳だとか体操競技，サッカー，こういったもののクラブ化が進行していて，実際には地域に出ているという現状もあるということです。

　次に中学校の部活の顧問がいまどのような状況下にあるかということについてお話をさせていただこうと思います。

　図3-1をご覧ください。JSPO の2014年のデータによれば，保健体育の教員以外で，いま，顧問を担当している部活の競技経験がない方たちが全体の45％を超えているということです。つまり，敷衍すると日本の中学校の半数近くの先生方は，保健体育の教員以外で当該種目の経験もないという方々が部活の顧問をされているということが分かります。もちろんそうなってくると，指導力に不足を感じたり，また指導ができないと思ったり，あるいは自分の自由時間がなかったり，教材研究に充てる時間がないという悩みを抱えたりするわけで

すが，逆に言うと，こういう現実の中では，生徒の側から見ると，十分なスポーツ権，あるいはスポーツをする環境が保障されていないということにもなると思っています。

　次に，先ほども少しお話がありましたけれども，日本の体育スポーツ施設における学校体育施設の状況について確認をしてみたいと思います。スポーツ庁の2018年の体育・スポーツ施設現況調査によれば，日本の体育・スポーツ施設全体の中で学校体育施設が約6割を占めています。それから，水泳プールだとか体育館とか，多目的運動場，こういった主要な施設に着目すれば約8割を占めているという現実があるわけです。これは地域に移行した後も，実際には学校で部活をやる，つまり地域という空間の中で部活をやるということよりも，現実的にはやはり学校の中でやるということだと思っています。

　ただし，学校の管理下で当該校の教員のもとで行われる部活という，いままでのシステムと意味はまったく異なるということでもあります。学校はノータッチで地域の指導者や教育委員会に兼職兼業の許可をもらった先生方が指導するということです。なぜいま，地域移行や地域連携なのか，少し別のところから見ていきたいと思います。

　中学校の先生方の勤務状況の確認をしてみたいと思います。実際には教員全員が部活の顧問になることを原則としている学校が約9割（87.5%，平成28年度）近くあるということです（出典，文科省初等中等教育局「教員勤務実態調査（平成28年度）の集計（速報値）」を基にしたスポーツ庁作成資料）。だから実際には部活の顧問は義務的業務になっていると考えた方がいいと思います。もちろんこれは，後で言いますけれども，部活の法的な根拠は希薄である，あるいはむしろないと言ってもいいかもしれないようなところで，義務的な職務として教員に課せられている現実があるということです。だから先ほどからお話をしているように，やったことのないような種目の顧問をやらざるを得ないという状況が生まれてくるということです。

　部活の種類別の1日当たりの部活動の勤務時間では，野球やサッカー，バレーボールなどは，平日では1日に1時間弱の指導時間が取られているということ。

それから土日に関していえば，部によっては3時間を超える指導時間を費やして生活をしているということになります。1週間における学内勤務時間は，部活の活動日数が多い教員ほど長いです。具体的には，週7日，毎日部活指導をされる先生は，1日のうち11時間55分の勤務時間で，つまり1日の半分近くは学校で勤務に当たっているということです。これは完全にもう労基法違反に近いというか，もう違反しているわけなんですけれども，1日のうち半分が学校で勤務に当たっているということであれば，睡眠時間と通勤時間を除けば，残りの時間，もう食事や入浴のような時間以外ほとんどないという現実の中で，部活に従事するいまの中学校の教員は少なからず働いているという現状があるということです。

　こういったところから，運動部活動の改革ということが出てきたわけですが，1つには，先ほどからお話をしてきましたように，学習指導要領の中には，学校教育の一環として部活を位置づけるという文章があるわけですが，これはいわゆる法律文書ではありませんし，文部科学省は，既に運動部活動は学校の本来的な業務ではないということを明言しているわけです。

　また，少子化がものすごい勢いで，これは日本のどの過疎地においても，また都市部においても，進行しているということです。それから何よりも，人口減少で地域が衰退をしているという現実がいまあるということです。

　そして，後で見ますが，中高生のスポーツ権が十分に保障されていないという問題もあります。と同時に，教員の，いまお話しさせていただいたような長時間労働の問題があるということです。

　こういうところから，どうも国も文部科学省も，これではまずいというふうに思ったのでしょう。新しい運動部活動の在り方について，必要性を感じて数年前から検討を始めたということです。決して，いきなり始めたわけではありません。実際には2013年あたりから，学校単位ではもう限界があって，地域へ移行しなければいけないのではないかというような考え方がだんだん固まっていったように，私個人は感じているところです。

　特に新たな部活動の在り方を検討するということで，「運動部活動の在り方

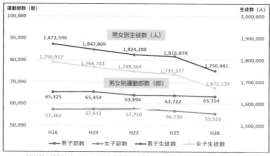

図 3-2　中学校の生徒数と運動部活動の推移

に関する総合的なガイドライン」が2018年に出されていています。この「おわりに」のところで，学校ではなくて地域に部活動を移し替える必要性が記述されています。この後，2020年には，「学校の働き方改革を踏まえた部活動改革について」が文部科学省から出されています。これを受けて，昨年（2021年）の11月から，この「運動部活動の地域移行に関する検討会議」が立ち上がり，今年（2022年）6月に提言が取りまとめられました。私はこの検討会議の座長を拝命しましたが，この会議では，部活が地域に移行した場合に，地域にどのような課題や問題が生まれてくるのか，あるいは部活そのもの，学校そのものの中での問題や課題は何か，こういった具体的な問題のありかや，あるいはその処方箋，解決策について検討を重ねました。そして，提言書を今年の6月に出したということです。部活と高校入試のあり方や教員採用のこれからの方向性についても提言しています。いまから思うと，なかなかタフな会議でした。

　次に部活の現状について，文科省，スポーツ庁，全国中体連の資料で確認をしておきたいと思います。

　少子化ということで，図3-2には中学校の生徒数の減少を折れ線グラフで示しています。一番上が男子の生徒数，その下が女子の生徒数です。平成16年

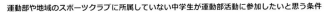

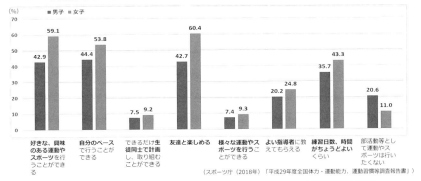

運動部や地域のスポーツクラブに所属していない中学生が運動部活動に参加したいと思う条件

（スポーツ庁（2018年）「平成29年度全国体力・運動能力，運動習慣等調査報告書」）

多様なスポーツニーズに応える環境の整備が必要

図3-3　子供の潜在的スポーツニーズ

から平成28年の12年間にわたっての図ですが，男女とも毎年1万人平均で減少し，男女ともそれぞれ計12万人が減少してきています。

　ところが運動部数の方は，6万5325の男子の部があるところが，6万3314という，2000部程度しか減っていない。女子も同様に2000部程度しか減っていないわけですが，これは学校の先生方が部を減らさないように，一生懸命頑張って持ちこたえてきたのではないかと個人的には感じています。

　少し具体的に減り具合を確認しておきたいと思います。1つは2001（平成13）年度から2020（令和2）年度の20年間にわたって，中学校の入部者数は約263万人から193万人と約70万人が減少してきた。一方，1学校当たりの部の減り加減は10.6部から10.5部と非常に少ないです。これは先ほどからお話ししたように，中学校の先生たちが頑張ってきたからだと思います。1部当たりの生徒数は22.1人から18.3人と3.8人の減少ですが（実はもっと現実には減っているという声もあるわけですが），1つの学校で練習したりチームを構成するのが難しくなってきているということでもあります。

　図3-3をご覧ください。子どもの側からの部活に対する潜在的なニーズについて確認をしておきたいと思います。このグラフは何を意味しているのかと

いうと，学校運動部や地域のスポーツクラブに所属していない中学生に，部活に参加したいと思う条件について尋ねたものです。中学校の女子では，「好きな興味のある運動やスポーツ」で，「自分のペース」で，「友達と楽しめる」のだったら部活に入りたいという生徒が6割近くいるという結果を示しています。男子についても4割を超える生徒さんがそう思っている。逆に言うと，こういった生徒のスポーツ権を保障したり，潜在的ニーズに応えられる部が，実際には現実の学校にはないということです。つまり，いまの学校には生徒のスポーツニーズに対応できる環境が整備されていないということだと思います。

# 03 これからの部活のカタチ

　このような部活が置かれた状況を勘案しながら，先ほどの検討会議からの提言で，これからの部活が目指す姿を要約すると次のようになると思います。少子化の中で，生涯にわたって日本の子どもがスポーツに継続して親しむことができる機会をどう確保していくのかということが大事だということ。と同時に，スポーツの原点に立ち返ったときに，自発的な参画を通して，楽しさ，喜びを感じることに，まずスポーツの本質があること。それからスポーツが社会課題の解決に極めて有効なツールであるということ。そして部活動のいままでの意義を継承し，さらに発展させ，加えて新しい価値をつくり出していくことが必要だということ。と同時に，持続可能で多様なスポーツの環境を一体的に整備しながら，子どもたちの多様な体験機会を確保していくことが求められるということです。

　部活の地域移行は，単に部活を地域へ移しかえるという地域への水平移行ではなくて，いままでなかったような，例えばスケボー部が生まれてきたり，ブレイクダンス（ブレイキン）部が生まれてきたり，もともとスポーツの歴史は若い世代がつくり上げてきたわけでありますが，そういう意味でいったら，いままでにないような，あるいは大人がもう教えることが難しいような，そういったクラブや部も立ち上がっていく可能性を否定してはいけないということを明

言しています。

　また，２つの部に所属することがあってもいいですし，あるいはシーズンに応じて部を変えていく。むしろこれを普通の当たり前のスタンダードにすべきではないかというような趣旨が提言の中では書かれています。

　ただし，実際には部活の地域移行には，いろいろな問題や課題があります。特に地域での受け皿をどうするのかという問題，それから指導者の問題，施設の問題，これが大きな御三家と言われている問題です。特に地域間格差をどう解消するのかという問題。例えば都市部と中山間部の生徒の体験格差の問題，具体的には受益格差の問題です。これはもうなかなか難しいです。しかし平等性をどう保つかということは，非常に問われてくるわけでもあります。また，県庁所在地と町村などとの差も非常にあるわけです。

　あるいは，総合型地域スポーツクラブの問題では，例えば，総合型クラブの自己財源率が50％以下のところがおよそ半数を占めていて，法人格を持つクラブは２割に満たないという状況でもあります。いま，全国で3600弱のクラブがあるわけですが，こういったクラブに，例えば本当に任せて大丈夫かというような心配も出てくるわけです。ちなみにこの中で，スポーツ指導の資格を持っている方が半数程度であるという現実もあるわけです。

　新規に参入してくる民間事業者は経済効率優先で，例えば儲からなければ，地域から去っていき，その後に残された生徒や地域はどうなるのか。つまり，いっそう地域が廃れていくことを防ぐことができなくなるという課題や問題も生じてきます。指導者の問題では，教員に頼らない指導体制をどうつくって，教育者としてふさわしい資質をどう担保するのかの課題もあります。また，指導者の中には無資格の方もいらっしゃいます。資格の問題も大きな課題です。

　それから，施設の問題について言えば，先ほどからお話ししてきた学校と行政各組織，団体，こういったところの調整，連携を誰がするのかという問題もある。みんな見合いをしているというような状況でもあります。学校体育施設を有効に活用するには，教員の意識そのものを根本的に変えなければいけないだろうともいわれています。

大会や会費，安心・安全と事故・保険の問題も省くことはできません。どういう問題かというと，地域スポーツのクラブ参加者が中体連の大会に出られないという問題が出てくるわけですね。全国大会に出られるといっても，いわゆる都道府県大会には都道府県の中体連の許可がなければ予選に出られないという問題がある。公平な会費の原則をどう作るのかという会費の問題ももちろんあります。安心・安全，事故・保険の問題でいえば，これからは自己責任になりますので民間の保険に入ることが前提ですが，強制保険の加入の提言までは検討会議ではできなかったということもあります。

　予算についても，中学生の会費だけでは，クラブの運営費や外部人材の人件費など到底賄えないという問題もあります。

　こういった地域への受け入れに際しては，さまざまな問題や課題が想定されるわけです。

　そう考えてみたときに，これからどうなるのかということを至急決めていかなければいけないところもあります。令和5年度の概算要求は102億円を要求しているわけでありますけれども，前年度の比からいうと15億円ですから，倍増どころか7倍増の費用を計上しているわけです。ここに文科省やスポーツ庁の本気度が表れているように思います。地域移行を実際に行っていくためには，都道府県や市区町村に配置を計画される総括コーディネーターや，あるいは中学校区に配置されるコーディネーター，また運動部活動指導員を配置するということで，多額の経費を充当していかなければなりません。現実的には，令和5年度にどれぐらいの規模の予算が組まれるかによって，実際の新しい地域のスポーツ体制は大きく変わると思います。現時点では，図3‐4に示しているような新しい地域スポーツの体制が考えられています。

　全国3000中学校区あるところに，3000人のコーディネーターが配置される。1つの中学校に1人ではなくて，2校から3校当たりに1人のコーディネーターの計算になります。都道府県，それから市区町村には総括コーディネーターが配置されて，この総括コーディネーターとコーディネーターの連携によって，現時点では図の右側の活動体制の中にある地域スポーツクラブ活動，運営団

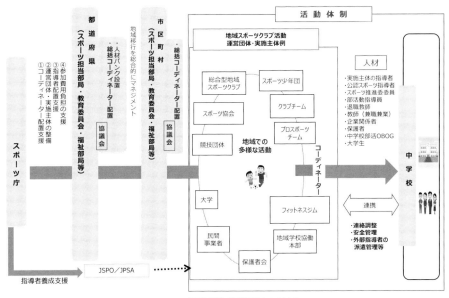

図3-4　地域の新しいスポーツ体制

体・実施主体例の真ん中に書いている「地域での多様な活動」を回していこうということになっています。

　予想される活動の形態は，運営団体として市区町村などの行政が主導する場合と総合型地域スポーツクラブや民間団体が主導する場合があり，運営団体がさまざまな実施主体を巻き込みながら，地域での活動が展開されていく。ただ，それぞれの地域コミュニティの中に果たしてそれだけの力量があるのかという問題は抜きにしては考えられないと思っています。

# 04｜衰退か，挑戦か

　最後になりますが，東北大学の青木（栄一）先生の御指摘によれば，部活と民間企業という視点から見ると，現行の部活は民業を圧迫してきたのではないかということです。例えばどういうことかというと，土日どちらか1日，部活

を年間50週やるのだったら，全国で500億円のマーケットが，実際には教員の事実上の無償労働で展開してきたのではないかというものです。そこには生徒も保護者も地域の住民も，みんなフリーライド状態で来たのではないか。つまり，学校も教員もマネジメントを欠如させて，見直しができない現実がいまあるということです。部活の地域移行問題は例えて言えば，行くも難しい，とどまるも難しいという状況下にあるということかと思います。ただ，いま何もしなければ部活は早晩衰退し，消滅していく道を辿るだろうことは，今日お話しさせていただいた通りで，座して衰退・消滅を待つより，打って出て改革をすべきであることを，報告の最後に添えたいと思います。このように部活の地域移行をめぐっては，学校や地域の関係，今後の日本のスポーツ振興や地域スポーツのあり方，また街や自治体を含んだ大きな改革だと思っています。また後で議論できればと思います。

　以上で雑駁な報告になりましたが，終わりにしたいと思います。

（友添　秀則）

# 4

## 部活動の未来を拓く協力のテクノロジー

## 01 | 「クラブ」を基軸にしたスポーツ振興施策

　2022年3月に第3期スポーツ基本計画が策定されました。東京オリンピック・パラリンピック東京大会におけるスポーツレガシーの発展を踏まえ，重点施策として，「3つの視点」が示されました。1つめは，「スポーツをつくる／はぐくむ」というもので，既存の仕組みにとらわれず，柔軟に見直し，最適な手法・ルールを考えて，創造するという視点です。2つめは，「スポーツであつまり，ともに，つながる」というもので，さまざまな立場・背景・特性を有する人や組織が集まり，直面する課題にともに対応しながら，つながりを感じるという視点です。そして，3つめは，「スポーツに誰もがアクセスできる」というもので，性別・年齢・障がい・経済・地域などといった実情や事情の違いによって，格差が生じない社会を実現するという視点です。これらの視点は，学校をはじめ，さまざまな地域や団体にも共通するもので，「スポーツ」を通じて，人々の健康と幸福に資する豊かな社会を創生しようというものです。

　1949年に「社会教育法」が制定された後，1951年に「社会体育指導要領」が示され，我が国におけるスポーツ振興施策に「スポーツクラブの育成」が位置づけられました。その後，都市化にともなうコミュニティの崩壊が問題視され，1969年に発表された国民生活審議会調査部会による報告書を受ける形で，自治省（現総務省）は，1971年に「コミュニティ（近隣社会）に関する対策要綱」を定め，新しいコミュニティづくりに資する施策化に力を注ぎ始めました。この

ような流れを汲むように，文部省（現 文部科学省）は，1977年の「スポーツク
ラブ育成事業」を皮切りに，1987年に単一クラブを有機的に結合させ，連合組
織の育成を促進させようとした「地域スポーツクラブ連合育成事業」を展開し，
地域スポーツクラブの育成によるコミュニティづくりに乗り出しました。そし
て，学校週5日制への対応や生涯スポーツ振興の拠点づくりをねらいとした「総
合型地域スポーツクラブ育成モデル事業」を1995年に打ち出し，20年以上に渡
り，この総合型地域スポーツクラブが我が国における生涯スポーツ社会を実現
するための中心的な存在として認識されてきました。

## 02 スポーツ振興システムの歪み

　その一方で，我が国のスポーツ振興システムには，さまざまな歪みが生じて
います。私たちのスポーツライフは，多岐に及ぶスポーツ種目とスポーツシー
ンを演出する活動場面によって形づくられています。スポーツ種目は，伝統的
な競技種目に加え，ニュースポーツの普及により，ますます多種目化する傾向
にあります。その一方で，私たちがスポーツシーンを創造・演出する活動場面
は，一般的にファミリースポーツに始まり，スポーツ少年団，小学校，中学校，
高等学校，大学といった教育期間内での運動部やサークル，そして企業や地域
のクラブやチームといったものに所属する期間によって区切られています。つ
まり，スポーツに親しむ機会や活動を行う場は，連続性や継続性の仕掛けはな
く，一時的かつ分断化されており，中学校で部活動に所属し，初めて「クラブ」
に入部した生徒は，やがて3年生の秋頃に個人のスポーツニーズや欲求の度合
いに関係なく，「引退」を余儀なくされてしまいます。そして高校入学までの
数カ月間のブランクがスポーツ欲求を低下させてしまうのです。高等学校に入
学し，志ある生徒たちは，再び部活動に所属しますが，同様に3年生の秋頃に
再び「引退」を迎えます。

　このように，我が国の学校を中心としたスポーツ振興システムは，小学校か
ら大学までの学校教育期間内で，活動の継続性を確保するための仕掛けがない

ため，1つのスパンが終われば，クラブから引退し，そして再び活動をしたいものだけが次のスパンで新たにクラブに入部をするという，入部と退部を何度も繰り返すというスポーツから離脱しやすい仕組みになっています。また1つのスパンで短期的に成果や結果が求められ続けた子どもたちは，バーンアウトやスポーツ障害などのさまざまな理由からスポーツから離脱しやすく，概ね中学校の部活動加入率が65％もありながら，高等学校ではその数値は約半減し，大学になればさらに加入率が減少します。そして学校教育機関を卒業し，地域でクラブに加入する人たちは，結果的に16％程度に留まってしまいます。つまり，私たちは，ライフステージが進むにつれ，「クラブ」という組織から離脱する傾向が高まっていきます。クラブとは，子どもたちや私たちにとってこれほどまでにつまらないところなのでしょうか？　クラブは，人生をより豊かにしてくれるところではないのでしょうか？　広がりを見せるスポーツ種目についても横のつながりはほとんどなく，過密な練習スケジュールや選手の奪い合いなどにより，さまざまなスポーツニーズを持つ子どもたちが2種目以上のスポーツ活動に従事することや多世代間の活動交流は，きわめてまれな状況です。このように，スポーツ種目と活動スパンが織りなすスポーツライフは，質の悪い反物や呉服と同じで，目がほとんど詰まっていないため，スポーツ参加者がその隙間からポロポロとこぼれ落ちてしまうような状態が，現在の我が国におけるスポーツ振興システムであるといえます（図4‐1参照）。

　もう少し，具体的なデータで実情を捉えたいと思います。図4‐2は，中学校と高等学校の運動部の加入率の推移を示したものです。折れ線グラフの一番上，丸のマーカーが付いている実線が中学校男子の運動部加入率で，その下の丸のマーカーが付いている点線が中学校女子の運動部加入率です。そして，三角のマーカーが付いた実線が高等学校男子の運動部加入率で，一番下の三角のマーカーが付いた点線が高等学校女子の運動部加入率です。データを見れば理解できるように，近年のコロナ禍の影響を受け，中学校の男女における加入率が減少傾向を示すものの，ほぼ全ての学齢期で加入率は横ばい状態にあることがわかります。先ほど述べたように，男子は，中学校が70％程度だった加入率

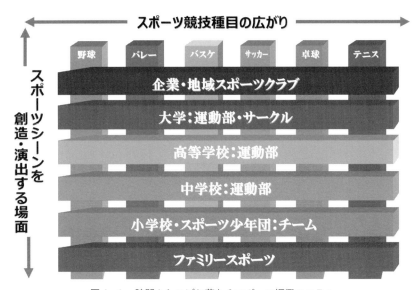

図 4 - 1　隙間からこぼれ落ちるスポーツ振興システム

出典：筆者作成。

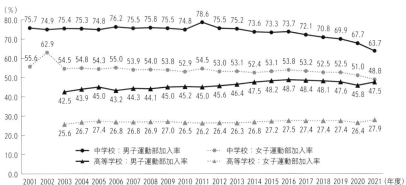

図 4 - 2　中学校・高等学校：運動部加入率

出典：図中の中学校・高等学校の生徒数は、「学校基本調査（https://www.pref.kyoto.jp/t-ptl/tname/k010.h tml）」の掲載データを引用した。
　　　その上で、中学校の運動部加入率は、日本中学校体育連盟のウェブサイト（https://nippon-chutairen.or. jp/）に掲載されているデータを、高校生の運動加入率は、全国高等学校体育連盟のウェブサイト（https: //www.zen-koutairen.com/）に掲載されているデータを用いて算出した。

が，高等学校になると，50％を切ります。女子に至っては，45％を超えていた中学校の運動部の加入率が，高等学校になれば，約半減し，27％程度になってしまいます。この事実をどのように受け止めるべきでしょうか？　スポーツ振興システム上の問題とともに，活動の場の提供や内容について，検討する余地があるのではないでしょうか？

# 03 | 「部活動の地域移行」という発想でよいのか？

　2025年度までに，中学校の休日における部活動を地域移行するという方針が打ち出されました。表現上の問題かも知れませんが，「部活動の地域移行」という発想でよいのかと思います。つまり，学校に存在するスポーツや文化活動を実施するさまざまな部活動を，そのまま地域へとスライドさせる，そんなことが可能なのでしょうか？　「地域移行」というのは，何を移行することを指すのでしょうか？　生徒数が多い地域では，学校施設の利用が飽和状態になっているかも知れません。その時には，地域内の公共施設や企業が保有する施設などを有効活用する必要があるかも知れませんし，実際，そのような手立てをとっている学校もあることでしょう。

　「部活動の地域移行」を進めると，学校から「部活動」がなくなるのでしょうか？　そのようなことではありません。文部科学省や文化庁は，学校における部活動がスポーツ・文化・芸術振興において重要な役割を担っていることを認識しており，かつ生徒の自主的で多様な学びを形成するための教育的意義も高く評価しています。実際，全国各地で「部活動の地域移行」にかかわるモデルケースが実施されていますが，「学校管理下外」の活動も含まれていますが，その多くの活動は，「学校管理下」として進められています。このような方向性については，議論の余地がありますが，各地域でどのような形を整えていくのかは，トップダウンで決めるのではなく，地域の実情に沿いながら，自律的に決定されるべきかと思います。

　そもそも学校は誰のものなのかという意味では，生徒たちの学びの「場」で

あるとともに，地域住民が生活圏域内で集うことができ，多様な機能を有した地域の重要な「資産」であると考えられます。愛知県半田市にある成岩中学校では，体育館を建て替える際に，地域の資産として，成岩中学校区を拠点に活動を進める総合型地域スポーツクラブ「ソシオ成岩スポーツクラブ」と施設の共有・共同利用をしています。この総合型地域スポーツクラブは，成岩地区の青少年健全育成を推進する「成岩少年まもる会」が推進母体になり，小学生のスポーツ活動と中学生の部活動を連動させるために設立されたクラブです。その根幹にあるのは，成岩少年まもる会が1994年に掲げた「成岩スポーツタウン構想」であり，成岩地区では，この総合型地域スポーツクラブをコミュニティの核にしながら，健康的なまちづくりの推進に取り組み始めました。

　もちろん，中学校の敷地内にある施設なのですが，学校の授業以外では，地域住民が場所を譲り合いながら，スポーツ活動を楽しんでいます。この成岩中学校では，生徒が学校の部活動をする曜日と成岩スポーツクラブの活動をする曜日とを分けており，同じ種目の活動をする生徒もいれば，別の活動をする生徒も存在します。成岩スポーツクラブは，小さい子どもから高齢者の方々まで，約3000名の会員を有しており，30年近くも前から，場所を共有しながら，部活動と地域スポーツクラブの活動が融合しながら，シームレスなスポーツシーンを演出しています。

　今回の「学校部活動の地域連携と新たな地域クラブ活動のあり方」に関する政策・施策は，「総合型地域スポーツクラブ」の育成に関する政策・施策に次ぐ，大きなムーブメントであると思われます。今後，さまざまな施策やそれに基づく事業に対して，予算配分されることと思いますが，総合型地域スポーツクラブの育成を繙きながら，「学校部活動の地域連携と新たな地域クラブ化」といった新しい仕組みづくりを進めることについて考えてみたいと思います。

　2021年7月1日現在，スポーツ庁によれば，全国で創設された総合型地域スポーツクラブは，3439クラブ，2000年に策定されたスポーツ基本計画の前身となるスポーツ振興基本計画では，2010年までに全国の全市町村において，1つ以上の総合型地域スポーツクラブを創設することを目指し，政策目標達成年度

から10年以上もの時を経て，現時点では，1741の市町村に対して，1339市町村に総合型地域スポーツクラブが創設され，その創設率は，76.9%を示しています。政策目標が掲げられた2000年は，平成の大合併前で3200を超える市町村が存在していたため，本来ならば，旧市町村で創設率を算出し，政策評価をしなければならないと思います。

　そもそも総合型地域スポーツクラブの育成と推進に込められた想いと意味は，先に説明したように，スポーツ振興システムの歪みがもたらす入部と引退を繰り返す分断的な活動シーンをつなぐために，生活圏域における地域を拠点にし，多様な組織がかかわりながら，シームレスなスポーツ活動を演出する，つまり，活動の継続性や安定性を確保するための新しい仕組みをつくろうとしたものです。そして，多種多様で，異質な地域資源，組織を連結させ，組み合わせ，相乗効果をもたらすようなネットワーク化を図ることにより，個々人の多様なニーズに沿うような活動場面をプロデュースし，会員が金と知恵を出し合う「Club」という組織本来の力を発揮し，多様な選択肢の提供と，これまでにない新しい生き方や楽しみ方のスタイルを創出しようというのが総合型地域スポーツクラブの育成と推進に込められた想いと意味であったように思います。もちろん，これ以外にもたくさんの想いや意味が総合型地域スポーツクラブの育成と推進に込められていたことでしょう。

　「総合型地域スポーツクラブ」という新しい仕組みづくりには，さまざまな想いと意味が込められていたのですが，政策目標として掲げられた「全市町村に１つ以上の総合型地域スポーツクラブを，2010年までに創設する」ということが足かせになったのか，クラブの育成によって，これまでにない新しいスポーツ振興システムや新しいスポーツライフを形づくるということがなおざりにされてしまい，クラブを創設することに主眼が置かれるような傾向に陥ってしまいました。つまり，新しいスポーツ振興システムを構築することや新しいスポーツライフを形成することの手段であったクラブを創設し，育成すること自体が目的化していきました。「学校部活動の地域連携」や「新たな地域クラブ活動」に関しても，このような傾向に陥らないでほしいと思います。

# 04 ひとの発想が問われる時代

　「部活動の地域移行」，つまり，「部活動の地域連携と地域クラブ活動」を進める際に，いま学校で展開されている部活動をそのままの形を維持したまま，地域社会に活動を担ってもらうというのは，正直なところ，難しいものと思われます。もちろん，外部指導者を既に導入している部活動などについては，形態的には，比較的，引き継ぎやすいという場合もあろうかと思います。ただ，いまの部活動をそのまま引き継いでくれる「担い手探し」をすることが，今回の改革の本筋ではないように思います。兼職・兼業申請をした教員が新たな担い手になることを含めて，現行の活動を維持するという選択肢は，あるとは思いますが，担い手を探すという選択肢だけでなく，学校・家庭・地域社会が一体となり，子どもたちの豊かなスポーツライフを創造するため，新しい仕組みづくりを手掛けるということも考えられます。

　したがって，「部活動の地域移行」「部活動の地域連携と地域クラブ活動」といった課題に対して，"How"，「どのようにすればいいのか」といった視点ではなく，学校の部活動を含めた地域のスポーツや文化活動の振興を図る上で，学校・家庭・地域社会が当事者意識を抱き，「どのような姿を描こうとするのか，どのようにありたいのか」という成し遂げたい「成果」を見据えて，今回の課題について，考えてほしいと思います。つまり，「場当たり的」に事を進めるのではなく，「地域社会の健康・幸福・豊かなまちづくりに資する新しい仕組みづくり」を進めるという視点が不可欠であると思います。もちろん，それが現行の活動を何とか工夫を凝らし，維持することだと結論づけられたとしても，3年後だけでなく，5年後や10年後といった中長期的な視点を持って，部活動の未来を描いてほしいと思います。

　「公務員ってどのような人・どのようなイメージ」と聞かれたら，どのようなことを頭に思い浮かべるでしょうか？　公務員の方には，申し訳ないのですが，恐らく，固い・真面目・規則に厳格・融通が利かないといった印象やイメー

ジを抱く人が多かったのではないでしょうか？　私たちは，過去の経験や過去
に抱いた印象などに基づき，状況に対応して，素早く判断し，意思決定を下し
ます。このように，自動的に湧き出る思考のことを，「自動思考」と呼び，一
般的には，認知の歪みによって生じるネガティブな思考のことを指します。拡
大解釈すると，この自動思考は，判断や意思決定を早める上では役立ちますが，
思い込みや固定観念によって，認知に歪みが生じることがあります。まさに，
公務員に対する印象やイメージがそうだったのではないでしょうか？　公務員
の中には，固くて真面目な方もいらっしゃるでしょうが，先見性があり，革新
的なアイディアの持ち主もたくさんいらっしゃると思います。つまり，「学校
の部活動」という言葉を耳にしたときに，そのイメージやありように対して私
たちは固定観点を抱いているのではないかと思います。それは，「総合型地域
スポーツクラブ」に対しても同様です。

　このような自動思考にとらわれないようにするためには，「リフレーミング」
ということが大切です。リフレーミングとは，既存の枠組みや固定観点を振り
払い，これまでとは異なる枠組みから物事を見つめ直したり，捉え直したりす
ることです。したがって，部活動の地域連携や地域クラブ活動を考える際に，
「学校の部活動はこうあるべき」という固定観念を振り払い，これまでとは異
なる角度から部活動のことを考えたり，見方を変えたり，解釈を変えたりする
必要があります。

　私たちの身の回りにあるものは，全て「人」の思考や発想，また行為によっ
て，存在を形づくり，意味づけています。そのため，物事に対する見方・感じ
方・捉え方を再定義した上で，部活動の地域連携や地域クラブ化のことを考え
てほしいと思います。

　今回の部活動の地域連携や地域クラブ化にかかわる動向は，学校現場に混乱
を招くだけだと手厳しい意見を述べられる方もいらっしゃいます。おっしゃる
とおりと思う部分はあるとは思うものの，思考と発想の転換が必要かと思いま
す。先にお話ししたように，学校の部活動に対するリフレーミングを図ると同
時に，既存の形態を維持することよりも，「萌芽」や「可能性の開花」に光を

見出してほしいと思います。総合型地域スポーツクラブの育成の時のように，このような取り組みを進める際には，「どうしたらいいのか？　何をしたらいいのか？」といった"How"に解を求めすぎてしまいます。2025年までに形を整えることがゴールではありません。部活動の地域連携や地域クラブ化は，子どもたちをはじめ，地域の人々の健康と幸福，そして豊かなまちづくりに対するありたい姿を描くための手段であり，この取り組みそのものが目的化しないように，学校・家庭・地域の人々が当事者意識を抱き，自律的に地域の未来を拓いてほしいと思います。

**参考文献**

ベック，A. T.：大野　裕訳（1990）認知療法：精神療法の新しい発展．岩崎学術出版社．
学校基本調査（https://www.pref.kyoto.jp/t-ptl/tname/k010.html）
長積　仁（2015）スポーツ参加者を知る：するスポーツ．原田宗彦編著：スポーツ産業論　第6版．杏林書院．pp. 75-85.
日本中学校体育連盟（https://nippon-chutairen.or.jp/）
NPO法人ソシオ成岩スポーツクラブ（http://www.narawa-sportsclub.gr.jp/socio/）
スポーツ庁「令和3年度総合型地域スポーツクラブ育成状況調査」
（https://www.mext.go.jp/sports/content/20220303_spt_kensport01_000020988_01.pdf）
全国高等学校体育連盟（https://www.zen-koutairen.com/）

（長積　仁）

# 部活動の地域移行とプレイスメイキング

パネリスト：
　小泉秀樹（東京大学先端科学技術研究センター教授）
　神谷　拓（関西大学人間健康学部　教授／日本部活動学会会長）
　友添秀則（(公財) 日本学校体育研究連合会会長）
　長積　仁（立命館大学スポーツ健康科学部教授）
モデレーター：
　伊坂忠夫（学校法人立命館　副総長・スポーツ健康科学総合研究所　所長）
　　　　　　　　　　　　　　　　　　　　　　　　　　　※肩書は開催時

■伊坂　ご紹介いただきました伊坂です。では，限られた時間ですが先生方と濃密なディスカッションができればと思っております。

　本日，先生方ありがとうございます。本当に詳しいお話，またいろいろな視点でのお話しいただきました。「都市とスポーツ」というテーマでこれだけ多様な切り口があり，かつ深められることがあるのだということを，まず私としては感激いたしました。

　では，私の方からいくつか質問させていただきます。全体の時間は30分弱でございますので，先生方たくさんお答えになりたいと思いますが，できるだけコンパクトにまとめていただきながら，みなさんに3回ずつくらいはお答えいただきたいと願っております。

### 学校の施設の活用

■伊坂　まず小泉先生のところで，現状のわれわれの抱えている大きな問題，少子高齢化，そして世帯数の減少，加えて公共財である施設が老朽化していって，これからリプレイスするのに大きなお金がかかるとのご指摘を頂きました。単にこれまでのようなリプレイスでは駄目で，むしろこの機会にプレイスメイキングとアクティブ・デザインをうまく組み合わせながら，同時にそこにスポーツを埋め込んでいけば，都市とスポーツの課題解決になるのではないかとお話しいただきました。

　そのあたりで，これから公共施設が変わってくる，とりわけ最終的に長積先生に言っていただいたように，中学校の体育館も公共の体育館にするというアイデアもござい

ましたが，そういう観点の中で公共財としての公共空間をプレイスメイキングしていきながら都市とスポーツにつなげていくときに，どんなことをこれからわれわれは考えておけばいいのか，この点，小泉先生に少しご示唆いただければと思います。

■小泉　ご指摘のとおりで，私の研究室でも総合型スポーツクラブのまだ草創期に全国調査もしたことがありますし，それから4，5年前ですかね，東京都の都下の全ての総合型地域スポーツクラブの調査をしたことがあるのですが，実は学校施設をうまく活用できているところは非常に少ないんですね。それは部活動とかとの重複がもちろんあったりするので。空き時間をうまく活用して複数の小学校とか中学校の体育館や校庭を転々とするような，NPOの総合型地域スポーツクラブが板橋区に確かあったと記憶していますが，そういうところ。あとは廃校になった小学校を活用しているようなところがいくつかあったりしますね。

　つまり学校の施設というのは，やっぱり教育優先ということになっているということもあって，なかなか地域開放が現実的にはあまりできていないという現状があるのではないかと思っています。特に，土日はまだ開放されているケースが多いのですが，ウイークデーはほとんど開放されていないので，それをどう資源化していくのかというのは。その分，いわゆる文科省系のお金だけではなくて，それ以外のさまざまな資金を入れながら，少し地域の資源にしていくというのが発想としてはあるような気はしています。あとは民間のさまざまないわゆる開発に関わるような事業者さんと連携するというようなこともあったりするとは思います。もちろん指定管理とかで廃校施設を活用しているような民間団体さんが多く出てきていますから，そういうところを少し想定しながら資源化していくというのは，1つの方法としてあるのではないかというふうに思います。

■伊坂　はい，ありがとうございます。

　長積先生，先ほどのソシオ成岩スポーツクラブの事例で公共体育館にするという話がありました。そのように公共体育館施設になったときのメリットと，あとは学校の中にそういうものができることのデメリットをご存じのところがあればご紹介いただきたいのですが。

■長積　学校の体育館を新たに建設する際に，「学校教育施設」としての機能だけでなく，いわゆる「社会体育施設」として，体育館を建設し直そうとした事例については，私自身，それほど認識していません。成岩中学校の事例でしか，お答えできませんが，「ソシオ成岩スポーツクラブ」が成岩中学校に建設された体育館の指定管理者になり，学校教育施設としての機能と，社会体育施設としての機能を共存させる役割を担っています。この背景には，クラブの推進母体となった「成岩少年まもる会」の

存在は大きいと思いますし，PTAをはじめとした地域の方々が青少年の健全育成に力を注ぎ，子どもたちの安心と安全を守ることを第一義的に考えながら，コミュニティの核として，拠点として，施設やクラブを機能させているところがユニークだと思われます。例えば，体育館を利用する際の動線は，学校の生徒と地域住民とをわけるような工夫をしたり，一般的に施設利用で生じるような「既得権」，何曜日の何時からは，誰が利用するといったことを固定化させないように，施設の予約制をとらずに，空きスペースを，利用者が互いに配慮しながら，楽しみの場を工夫するということが，学校の体育館が「公共財」として機能し，地域の資産として活用されているのだと思います。

■伊坂　そのとき，次に順番待ちしていたときに，お互いのやりとりとか，あるいは学校関係者以外の住民の人たちも，そういうことの中でコミュニケーションをしたりということはあるということでしょうか。

■長積　クラブが連結ピンのような役割を果たしながら，利用者間のコミュニケーションは図られていると思います。場を有効に利用するだけでなく，活動の場が何のために存在し，どのように機能すればよいのか，そのようなことに対する理解が地域住民に浸透しているのだと思います。つまり，その地域で何を大切にしようとしているのかということに対する理解が進んでいるのだと思います。

## 地域と学校の連携促進につなげる意識改革

■伊坂　はい，ありがとうございます。神谷先生，最後の方で，やはり地域・学校の二項対立では問題が解決しなくて，むしろ地域と学校で共にやろうと。いまの長積先生の事例なんかはそういうことにつながるかと思いますが，とりわけ神谷先生のお話の中では，クラブ・結社の話の中で，やっぱりそこで自治が生まれ，そこから自由な発想が生まれるような，そういうふうなクラブづくりを標榜されているようにお見受けをしました。神谷先生，その点について今後，地域移行に向けたときにどういうことを，さらに教育の側，あるいは地域の側が持っておくべきか，先生のお考えを教えていただければと思います。

■神谷　はい，ありがとうございます。私が関わってきた事例でいうと，学校と地域の人たちが一緒に膝をつき合わせて，どのようにして子どもを育てるのかについて議論する場が大切だと思います。

　私が宮城県塩竈市の教育委員会と連携して実践したのも，学校か地域かという議論ではなくて，子どもを一緒に育てるというところをベースにしながら，親や保護者が手伝えることは何か，教師ができること，外部指導者，部活動指導員ができることは

何かということを，実際に確認しながら部活動を運営していった点に特徴があります。

　「子どもの権利条約」という国際条約でも「結社の自由」は重視されていますので，学校と地域で一緒に子どもの部活動・クラブを育てていく，そういう場をつくれるかが，これから問われるのではないかと思います。

■伊坂　どうもありがとうございます。友添先生も，とりわけ地域移行の取りまとめに本当にご苦労されて，そしてようやくここまで先生のおかげで引っ張り上げていただいております。いろいろな課題がありながら，いまの場のつくり方ですとか，あるいは地域との関係性の紡ぎ方，少し先生方からご意見いただきました。先生が挙げていただいた受け皿，指導者，施設，大会，いろいろな課題があるかと思いますが，とりわけ友添先生にとってみたら，このあたりから手を付けていけると，わりと地域の部活移行，あるいは地域と学校がうまくコラボできる，そのへんの先生のお考えを教えていただきたいと思っております。

■友添　はい，ありがとうございます。検討会議座長としてではなく，個人としてのお答えというかたちになると思うのですが，部活の地域移行の日本全体でのスタンダードみたいなものはやっぱり基本的にあり得ないと思います。当たり前の話ですが東京と中山間地域とは諸事情が違うわけで，あるやり方なりあり方を全ての地域に当てはめるというのは非常に難しいことで，地域の最適解は地域にしかないと思います。それぞれの地域ごとに最適解があって，それを模索すべきだというふうに思うことが一点です。

　もう１つ，実際に東京都の区立の小学校なんかは，温水プールを屋上に設置したり，あるいは１階を幼稚園と高齢者施設に配置をしたりしてやっているところがある。もちろん，全国に目をやるとさまざまな形で児童生徒が学校にいる時間でも地域に開放しているところがあります。先生方とお話をしていて時折感じることなのですが，一番頑迷なのは先生方で，どういうことかというと，学校は今日のお話の中でも少しお話したのですが，学校は自分たち教員のものだという意識が非常に強い方がいらっしゃいます。むしろタックスペイヤー，つまり学校は納税者が納める税金によって成り立っているわけですから，よく言うのは，例えば朝８時から夕方の４時ぐらいまでを，いわゆる基礎自治体から学校が貸与されているとまずは考えてみる，このような借りているという発想を，まずはそこをやっぱり原点に考えてみる必要があるんじゃないか，そこからスタートしてみる必要もあるのではないかということを感じています。特に，放課後体育施設を学校が利用していない時でさえ，民間団体や営利団体に貸し出してくれないというお話を聞くにつけ，教員の意識の変革が必要だということを感じます。

■**伊坂**　友添先生，ありがとうございます。教員がマインドセットを変えなあかんというお話をしていただきました。同時に，各自治体がいろいろ特徴を持ちながら，首長さん含め，教育長含めて，意識改革を全体として進めていかないと，なかなか難しいと，先生の話を聞いておりました。

■**友添**　そうですね。1つはさまざまなデータをどう解釈するのかというのは，それぞれの考え方や立場があってしかるべきだろうと思うのですが，どのデータを見てもたぶん抜本的にいまの学校の部活動が学校にとどまると，おそらく早晩衰退して消滅していかざるを得ない，つまり持続可能性に赤信号が灯っているというのは共通に問題意識化していかなければならないと思います。既に学校運動部をめぐる問題はかなり切迫した時間の問題だろうと思っています。

　そういう意味でいうと，やっぱり何らかのかたちで改革をしていかなければいけない。そのときのベストアンサーが地域移行しかないとは必ずしも思っているわけではありません。多様な解はあるんだろうけれど，取りあえずはまずやれることからやってみるということでいえば，地域移行。ただし，それはお話ししましたように，水平移行ではなくて，あくまでも子供の豊かな活動機会を担保するための移行であるということを前提にしていく必要があるだろうと思うんです。

■**伊坂**　ありがとうございます。いわば本当にバージョンアップのチャンスだと捉え直して，そしてそのことによってスポーツがより豊かにまちなかに広がっていく。そういうイメージだということですね。ありがとうございます。

## スポーツをまちに埋め込む

■**伊坂**　小泉先生，「スポーツをまちに埋め込む」という衝撃的な発言を聞いて，私，いまも心の中に残っているんですけれども，先生がいろいろ地域の中でされているスポーツを埋め込むような活動の中で，住民参加があり，実際にされる方や高齢者もされていると思うのですが，ああいう場面の中で教育関係者といいましょうか，より部活動を担っていただいているような先生方も入ったような活動の事例がもしございましたら，ご紹介いただきたいのですが。

■**小泉**　そうですね。われわれが関わっているような例ということでちょっとお話しすると，具体的な話としては，やっぱり先ほどちょっとご紹介したような渋谷の例であるとか，郊外の住宅地の中でそういう取り組みを展開するような例が多いんですけれども，大事なのは，おそらくニューヨーク市のように政策的にどう進めるのかというところがポイントになってくるのかなと思っています。

　それから今日，部活動というテーマなので部活動にちょっと近づけて話すと，部活

動も，例えばスケボーの部はあんまりないのではないかなと思うんですよね。そういうことが，もしかすると，さまざまな地域資源を使うと，例えば私が住んでいるのは東京の練馬区なんですが，すぐ近くに公園があって，そこの公園の一角はスケートボードを自由にやっていいというエリアがあるんですね。それはもともと子どもたちがそこに集まってきて，夕方になると自分たちで手すりとかを活用しながらスケートボードで技術を磨いていたんですね。夕方くらいから集まってきて夜中じゅうやっているみたいな，そんな場所だったんですね。それを禁止するのではなくて，公園を管理する所管が，ちゃんと子どもたちの場所として認めたいと。まさにプレイスとして提供するという決断をしたということなんですね。そのことによって，その場所は彼らも自由に使える場所になった。インラインスケートなんかも最近やっています。

　何かそういう場所性みたいなものをしっかり地域の中に埋め込んでいくと，必ずしも部というかたちでなくても，もしかすると地域でさまざまなかたちで子どもたちが自発的に，まさに結社のようなものではないかもしれないけれど，ある種，自発性を持って，自分たちで集って競技をするということもあるような気がします。

　それから，そのこととも関係するんですけれど，われわれの世代の部活動は先生が付いていなかったですよね。自分たちだけでやっていて，土日だって自分たちで陸上競技場に行って練習したりサッカーで勝手にボールを蹴っていたというのが部活動だったんですよね。いつの間にか先生が付かないといけなくなったのかなみたいなところが，すごく私としては謎で。そこのところが，何か先生の業務としてやらなければいけないのではなくて，子どもたちが自発的に，中学生ですからね，自分たちの判断で安全性をちゃんと確保しながらやる。その計画をちゃんとつくって，それを確認する人がしっかりいればいいというようなことなんじゃないのかなというような。何でも安全・安心で，厳しめにいくと先生が全部帯同するみたいな話になってしまうので。

　もちろん総合型地域スポーツクラブが担い手になるというシナリオもあると思うのですが，私は東京都とかかつて全国調査をした感じだと，とてもじゃないけれどそれは難しいんじゃないかなと思っていて，現実的には資源がないですよね。先生に代わるお金を代替すると何百億でしたっけ，そのお金が付くわけだから，はっきり言ったら国がそのくらい予算を付けてちゃんと指導員を雇って，ちゃんと雇用するかたちでやるというなら話は別なんですけれども，そこまでやれないのであれば，もうちょっと違う手段をいろいろ組み合わせるということなのかなと。

　総合型地域スポーツクラブももちろん地域の大切な資源なので，あるところはそれを最大限活用するという発想だろうし，それが必ずしも各地域に根を張っているわけ

ではないですよね。ないところ，空白地帯たくさんあるので，そうなってくると空白地帯でもどうやって子どもたちが楽しめるのかみたいなところで，何か部活動バージョン２みたいなのも発想としてはあるんじゃないのかなという感じで，ちょっと個人的には考えてました。ちょっと話が展開してずれてしまって申し訳ありません。

■伊坂　ありがとうございます。スケボーなんかは，やっぱりそれぞれチャレンジすることを応援するような文化・風土があります。彼らが勝手に使っていたところをむしろ認めてあげて，うまく認めてあげることで自治が生まれる，結社が生まれるようなお話しをしていただきました。

## ■ 地域スポーツの主役は子ども自身

■伊坂　結社の話が出ましたので，神谷先生，いまのお話を聞いていまして，やっぱりその生徒さん自身が自分たちで考えるワーク。先生がつくられた６時間のワークのことですが，そういうワークを学んだ生徒ばっかりになったときに，どういうふうなクラブづくりや，あるいは地域移行になるとお考えでしょうか。そしてどんなふうなスポーツのありようになるか。もし先生のワークを全て学んだ中学生ばっかりになって，10年後を妄想したらどんなふうになりますかね。

■神谷　はい。多様なスポーツシーンをつくるのは誰かということであれば，やっぱり私は教育学の立場なので，子どもたちにそういう力をつける必要があるだろうと考えます。

　先ほどの話にもあったように，まずは子どもが集い，活動する場をいかに学校と地域で設けることができるか，それが大切になってくるんじゃないかなと思います。いまの地域移行の議論に欠けているのは，そういう地域のスポーツシーンをつくっていくのは「子どもたち自身なんだ」という視点だと思います。地域に出すのであれば，地域で活動できるような力をどのようにつけるのかをセットで議論しないと誤解も生じるし，現実味がないと思います。ですので，うまくバランスを取って，これから議論をしていく必要があると考えます。

■伊坂　一番の主体者であるべき子どもたちがちゃんと力をつけること。そこを見失わないようにというお話であります。ありがとうございます。

　長積先生，どうでしょうか。いまのお話を聞かれて，やっぱりどのようになりたいか，どうありたいのかというのを一番強く持ってもらいたいのは生徒さんだろうと思います。長積先生から見たときに，その生徒自身が多様なスポーツにチャレンジしたりいろんなことを考えたりする，そのときにどんなふうな雰囲気なり在り方があると。１つの方向性として地域と学校が一体となりながらスポーツが豊かになるか。もし長

積先生がお答えをお持ちであれば，教えていただけますか。

■**長積**　答えはないと思いますし，単なる私の想像の域を超えないことですが，大人が引いた線路の上に，子どもたちが乗る列車を走らせる，といったような全てを「お膳立て」し過ぎることは，望ましくないように思います。日本人は，決められたレールの上を従順に走る，また決められたことを従順に熟すことが得意なのかも知れないのですが，重要なのは，自分たちで場をプロデュース（創造）するという発想なのだと思います。活動環境，活動に使える資源，またルールなど，状況は地域や人によってさまざまであり，そのような状況であっても自分自身で楽しみをプロデュースすることができる力が大切なのだと思います。神谷先生が「子どもたちの自治が大切」とおっしゃったように，「こうでなければならない」という発想ではなく，「どのようにありたいのか」という姿を描き，それを話し合いながら実現するという発想が望ましいのだと思います。

### これからの「部活動」に向けて

■**伊坂**　はい，ありがとうございます。そろそろお時間が近づいてきましたので，最後に先生方に一言ずつ頂きたいと思います。やはり場ですよね。どういう場，それは地域であったり，学校の中であったり，あるいはまちの公共空間であったり。その場づくり，今日の小泉先生の言葉でいうとプレイスメイキング。そういうプレイスメイキングがありながら，そこをアクティブにしていきながらスポーツを埋め込んでいけるのか。そのときにそれぞれがどういうふうな思いで楽しみながら。

　神谷先生のお話を聞いて，やはりそういうふうな場の中でお互いがフラットでありながら，自由な意見交換ができて，ちゃんと協議できる，コミュニケーションできるのが大事であると。そういうコミュニティづくりがしっかりできるということは，当然，学校や地域というものを超えたものになっていくんだろうなというふうに感じました。

　そういうことを聞かせていただきながら，最後に先生方に場づくりとかコミュニティづくりに関して，提案といいましょうか，今日のご参集の皆さんに向けてメッセージを1分ずつくらいでお願いできればと思っております。今日の発表順番でお願いしたと思いますので，小泉先生からお願いしたいと思います。

■**小泉**　はい，ありがとうございます。部活動の問題，時折私も簡単な話として仲間とその話題を話したことはあったのですが，あらためて今日，先生方の発表を聞いて，現状とか，いま進もうとしている政策の方向について理解をよくできました。

　この問題は非常に大きな問題だということに，今日，あらためて気が付かされたと

いうことで，その中で私は比較的のんきにというか，おおらかにスポーツまちづくりをやればいいんじゃないかと最初にお話をさせていただいたのですが，あらためて考えてみると先ほど申し上げましたように，さまざまな地域の社会的資源ですね，それから物理的な資源を活用して，もうこれは総力戦で挑むしか地域移行はやっぱり実現できないのではないかというような考えを，先生方のお話を聞いていたところです。

　やはりそれを推進するような強い施策的なサポートがないと，なかなか地域の現場だけに任せるということでは難しいのではないかなというようなことを，お話を聞いていて思っていたところです。引き続きこの点については，あらためて考えていきたいなと思いました。よろしくお願いいたします。

■伊坂　小泉先生，どうもありがとうございました。では続けて神谷先生，よろしくお願いします。

■神谷　はい，今日はありがとうございました。私もこういう機会を与えていただいて，あらためて自分の研究を見直し，勉強になりました。また，それぞれの先生による報告からも学ぶことができて，これからさらに部活動研究を進めていきたいと思いました。

　部活動の研究をしてきた立場からすると，これまで人とお金をかけてこなかったということのツケが出ていると思っています。もちろん，財政的な裏付けを得るのはとても難しいことも承知しているのですが，どこに，どれくらいのお金をかけるのかという議論が成熟していかないと，部活動の問題はずっと解決しないと考えています。

　同時に，私自身も，どのようにしたら財政的な裏付けが得られるような説得力のある根拠を示せるのか，予算を付けられるのかということが課題として残されていると自覚した次第です。皆さんと一緒に，これからも考えていきたいと思っていますので，よろしくお願いします。ありがとうございました。

■伊坂　神谷先生ありがとうございます。では友添先生，よろしくお願いします。

■友添　今日はどうもありがとうございました。最初，どうも場違いで，私の発表は違うんじゃないかと不安に感じながらお話をしていたのですが，長積先生のお話をお伺いしていて，部活をめぐる行政論もそう外れたわけでもないんじゃないかと最終的に少し思い直したりしたところもあります。リフレーミングとリプレイスという発想というのは，今日学んだ大きな成果だというように思っています。

　どうも国のその施策論の方にどっぷり漬かってしまうと，行政的な観点でしか見えなくなってしまうところを，今日，あらためて，それではまずいんだなということを非常に痛感していたというところです。何かといったら，1つ，根本的なところでいうと，話の中では言ったんですけれども，楽しさと面白みがないような部活というの

はあり得ないわけで，子どもたちが何よりも，やっぱりつくる楽しさとか集う楽しさ，喜びみたいなことを味わえるようなものをつくっていかなければいけない。そういう意味でいうと，解答が１つではないということ，ここにこだわっていく必要があるのだろうなというふうに思いました。以上です。今日はどうもありがとうございました。大変刺激をいただきました。

■伊坂　友添先生，ありがとうございました。長積先生，よろしくお願いします。

■長積　規制や禁止から新たな創造は生まれにくいのかと思います。同様に，枠組みを決めて，その枠組みの中で活動して下さいといわれても「ワクワク感」は生まれないと思います。枠組みや方策がないと，物事が進められないと思いがちですが，「想像（イマジネーション）」が「創造（クリエーション）」の源であり，さまざまな人々とかかわる中で，人々の知覚は高まります。容易ではないとは思いますが，地域の人々が主体者意識や当事者意識を抱き，部活動の地域移行やまちづくりを自律的に手掛けてほしいと思います。

■伊坂　ありがとうございました。ディスカッションにご参加いただいた先生方。本当にありがとうございました。素晴らしいディスカッションになったと本当に感激しております。今後ともこのテーマは続きます。そして，やっぱり「ああ，あのディスカッションからこういうふうなものが生まれたね」，あるいは「部活動の地域移行がやっぱりいろいろなかたちで花開いたね」というかたちになるように，先生方，ご参加の皆さんもこの議論の行く末をウオッチしながら，またご支援いただきながら，この課題を進めていきたいと思います。本日はどうもありがとうございました。

■司会・丸　皆さま，誠にありがとうございました。以上をもちまして，DAY１全てのプログラムを終了とさせていただきます。最後に閉会のごあいさつを伊坂先生より申し上げます。お願いいたします。

■伊坂　皆さん，長時間ありがとうございました。遅い時間にもかかわらず最後までご視聴いただいた皆さんに心から感謝申し上げます。

　立命館大学スポーツ健康科学総合研究所の主催でさせていただきました。この研究所は2022年４月に設立されました。この研究所には３つの大きな柱がございまして，１つはスポーツを通じたQOLの向上，もう１つは健康長寿の実現，３つ目がまち・社会の健康実現というものです。まさに本日の「スポーツと都市」を研究テーマとして扱っている研究所でございます。

　そして，この研究所では，それぞれのウェルビーイングの実現に向けて，スポーツを中心にしながら，どうそれを達成していくのかということを目指しております。ぜひわれわれの研究所の研究にも注目していただきながら，またわれわれもこういうか

たちで皆さんと交流できる，意見交換できるシンポジウムをこれからも進めてまいります。引き続き関心を持っていただきながら，そして何よりも多くの人々が，スポーツを通じたウェルビーイングの実現，あるいはスポーツに関わって，それぞれのまち・社会が健康になっていく，そのような貢献につなげていきたいと思っております。本日は長時間ご視聴賜りましてありがとうございます。簡単でございますが，閉会の挨拶とさせて頂きます。

（パネルディスカッション1終了）


## アフタートーク

参加者：

伊坂忠夫，花内誠，小泉秀樹，神谷拓，友添秀則，長積仁，上田滋夢，丸朋子（司会）


■花内　大変ありがとうございました。お疲れさまでございました。私は冒頭だけやらせていただいて，後はゆっくりと拝聴できて，大変うれしかったです。

■伊坂　だいたい企む人はそういうパターンが多いですね。冗談ですけど，本当に花内さんが企画された内容でさせていただきました。また，パネルディスカッションでは先生方にぽんぽん質問を投げて恐縮でございました。明快に答えていただいて本当に楽しかったです。

■友添　すみません。ちょっとテーマを勘違いしていたきらいがあって申し訳ありません。花内さんとよく相談すればよかったんですが，大変失礼しました。

■花内　いえいえ，友添先生はそんなことなくて，私は，基本的には今日いただいたお話を友添先生からしていただければと思っていました。ただ，友添先生がお感じになったように，友添先生はもっと他のこともお話ししたかったんだろうなと。

■友添　ありがとうございます。

■花内　たぶん「都市とスポーツ」ということで深掘りしていくと，友添先生がもっともっとお話ししたいことがあったんだなと，今日思いましたんで，それは，またぜひ次の機会にでも，またご参加いただければと思いますので，よろしくお願いします。

■友添　ありがとうございます。また次の機会のときに。優しいお心遣いありがとうございます。

■伊坂　本日，友添先生が中心になってまとめて頂いた運動部活動の地域移行の内容を皆さんに聞いていただいて，本当によかったと思います。友添先生，ありがとう

ございます。

■**花内**　今日伺っていて，やっぱり部活動の地域移行というのが，ハードの問題とソフトの問題にまたがって地域の話が出てきていて。ハードが地域に移行するのか，ソフトが地域に移行するのか。あるいは今日，先生方がおっしゃっていたように，地域と学校が一緒になってハードもソフトもやっていかないと，たぶんこの問題は解決できないんだなということはあらためて実感した内容だったなと思います。

■**友添**　地域によってそれぞれだろうと思うんです。一体で移行するところもあればハードとソフトが別々の場合もあるし，まあ，スタンダードはないと思っています。こういう型があって，こういう型のとおりに動かなければいけないと決めつけてしまうこと自体が非常に大きな問題だろうと，個人的には思っています。

■**伊坂**　友添先生ご指摘のところで，やっぱり教員が頑迷であるというところを変えるトレーニングといいましょうか，バージョンアップの機会となり，そして神谷先生がおっしゃっていただいたように，主体たる中学生がちゃんと考えてくれる機会になって，両方が合わさるとかなり大きなうねりになるかなという気がいたしました。

■**花内**　これは，いま先生がおっしゃったように中学生が主体という部分で，いきなり中学校部活が最初に皮切りになっているので，そうなんですけれども，部活動の最初は大学からだと思うので，やっぱり大学の部活動でそういうふうな人がいるのか，つくれるのかというのが，非常に大きな問題だなと。先日，長積先生ともお話ししましたけれども，選手は育てているけれども，マネジャーを育てていないですよね。

　今日お話を伺っていて，クラブマネジャーみたいなものをきちんと育てる文化を，やっぱり日本の体育会はもう一度考え直さなければいけないんだなと。そのクラブマネジャーが，手前みそで小泉先生の前で言うとあれですけれども，アーバニストになっていければ，その場をプレイスメイキングしていく人材として，コーディネーターとして活躍できる人材も増えていくのではないかなと，今日あらためて思いました。

■**伊坂**　ぜひ一言ずつご感想をいただければと思いますので，小泉先生からいかがでしょうか。また，こんなところに引っ張りだされて大変ご迷惑に感じておられるのではないかと思っておりますが。

■**小泉**　いやいや，大変勉強させていただいて，本当に今日は，もうクラブの歴史もすごくよく理解できて，そういうことだったんだと理解できましたし，部活の地域移行のことも，本当に，僕は反対する人たちの意見が非常によく分かるんです。僕はリベラリストというか，どちらかというと個人主義的なところが結構あって，自由にみんながやれる方がいいのではないかという社会観が個人的には強いんです。

　ただ，いままでの日本の社会を支えてきた非常に大きな部分だったのではないかな

という感じはするんですよ。良くも悪くもなのかもしれないですけれども。なので，突出した人は生み出さないかもしれないけれども，全体として取りこぼしのないように，うまく社会を進めるための練習みたいなものとして，部活動は非常に重要な役割を果たしていたのではないかなと思うので。

それがあまりリベラルなかたちで地域にお任せよみたいになってしまうと，いわゆる都市計画なんかもまちづくりの規制緩和をたくさんやっているんですけれど，そうなると，できるところとできないところと，例えば都市再生なんかは，やれるところは民間企業がばさばさやっているけれども，地方はまったく力がないから何もできませんみたいな状態に，いまはなっているんです。

だから，そうならないように子どもたちの成長の1つの重要なシーンだということも忘れないようにしながら，じゃあ，どうやって移行できるかという問いだと思うので，先生方の話を聞いていて，非常に難しくて，重要なテーマなんだということがあらためて理解できたのが今日の感想，本当のところです。

これから，ちょっと私も考えていきたいなと思ったりとか，地域の自治体の中でも，もしかすると，このテーマが各まちづくりのテーマの中でも重要なテーマになってくるなという感じがしたので，今日の会合をきっかけにちょっとあらためて考え直したいなと思いました。本当に貴重な機会をありがとうございました。

■**伊坂**　ありがとうございました。では続いて，神谷先生，お願いします。

■**神谷**　ありがとうございました。先ほどの話にあったハードとソフトの関係でいうと，それらをつなぐのがクラブとか結社なんだと，あらためて感じました。

また，大学の部活動から変えていく必要があるという指摘も，おっしゃるとおりだと思っています。いま，大学の入試改革も同時に進められていて，これまでの競技成績の評価だけではなくて，活動のプロセスにおいて，どんなことを経験したのかをきちんと評価しなさいという方針が国から出されてもいます。

入試制度であるとか，大学の受け入れ体制といったところから，活動のプロセスであるとか自治の部分を評価できるかどうかも，これから大切になってくるのではないかと感じました。ありがとうございました。

■**伊坂**　ありがとうございました。友添先生，もしよろしければ，もう一言，お伝え頂けますでしょうか。

■**友添**　はい。最後になりますが，結局，イギリスのパブリックスクールも筋肉的キリスト教主義者というか，Muscular Christianity をつくっただけで，実は大英帝国の帝国主義の先兵をスポーツでつくったのではないかという思いもしつつ，日本のいわゆる旧制高校なんかの方が，ずっとリベラルな部活をやってきたのではないのか

なと思ってみたりしています。

　意外と歴史というのは，われわれは一面的な見方をしがちだけれども，実はそうではないなと，今日は花内先生のお話を伺っていて，肝に銘じながら聞いておりました。いい機会になりました。いろいろありがとうございました。いい勉強になりました。

　すみません。今日はこれで私は退出させていただきます。また機会がありましたら，よろしくお願いいたします。

■伊坂　友添先生，どうもありがとうございました。

■花内　友添先生，ありがとうございました。

■伊坂　いろいろ勉強になりました。ありがとうございました。

■神谷　いい勉強になりました。ありがとうございました。

■友添　こちらこそ，ありがとうございました。本日はありがとうございます。

■伊坂　では続いて，長積先生，いかがでしょう。

■長積　はい。もう僕は時間短縮しなくてはいけないと思って，焦ってしゃべったから，正直何をしゃべったのか1ミリも覚えてないです。僕は本当に巻かなければならないことしかなかったんで，まともにしゃべれたかどうかすら，頭が真っ白になって，とにかく，もうしゃべれたのかどうかすら不安だったんで，もうずっと焦った気持ちの中で，伊坂先生に振られている質問ですら冷静に受け止められないぐらい，もうちょっと頭が真っ白な状態。こんなに消化不良だったことは過去にないなと思って，いますごく落ち込んでいる気持ちです。

■伊坂　じゃあ後で，こってり反省会をしましょう。

■花内　そんなことなかったですよ。長積先生，ちゃんと話されていましたよ。大丈夫でした。

■伊坂　ばっちりでしたよ。本当に問題なく。そのあたりを含めて丸さん，感想をお願いします。

■司会・丸　私も今日は非常に勉強させていただきまして，私ごとで恐縮ですが，自分の出身県のある市長の方がまさしく，この部活動の移行を市の重要政策として進めていらっしゃると。

　「地域の部活動移行を，子どもたちの放課後の居場所づくりという考えで進めていくのだりれども，どう思う」と訊かれたタイミングの，このシンポジウムでしたので，非常に学びが多く，いろんな貴重なご意見を伺えました。本当にありがとうございました。

■伊坂　上田先生，せっかくですから感想を一言いただけませんか。

■上田　一言で申し上げるならば，「スポーツと都市」という文脈で部活動のことを

考えると，生々しい部分の詰めが必要だなと。逆に NPO クラブの経営者という文脈で考えると，非常に危険だなと感じています。

　皆さまがおっしゃったように，部活動の話を都市の文脈に戻すならば，民間企業や地域に出すと，現在の学校教育のガバナンスとは異なり，何らかの抑制，抑止ということが効かない状態となり，さらにひどくなる可能性が高いのではないでしょうか。

　特に存在目的からみても，民間企業の場合は利益追求が第一義となります。部活動の存在目的とは大きなズレがみられます。地域においては，これまで散々悩まされてきた方々がいるように，地域の既得権益を巡って，その地域の実力者や政治家などの空間の一部となってしまう可能性があるということです。

　実は本シンポジウムの運営上，仙田先生のお話しを先に聞かせて頂いていたこともあり，これらも含んで都市の中での部活動を考えるならば，学校のつくり方も今のような閉ざした状態でなくて，誰もが見える開放した空間にする必要があるのではないかと思いました。つまり，全部スケルトン状態にしないと，後で大変なことが起こってくるのではないかと。例えば，地域の熱意ある方が「おまえ，なにやってんだ！」なんて手を挙げても見えない構造。地域の問題となるために，防止のために巡回もできない構造，取り締まる警察にも見えない構造となっています。現状は学校の授業や課外活動のための構造となっており，今後の部活動の地域移行によって抑止の効かない空間になってしまうのではないかと。

　今後はこのような問題や危険が発生する機会が減るような学校という空間のつくり方を考える必要があると強く感じた次第です。

■伊坂　上田先生，ありがとうございます。

■花内　ありがとうございました。丸さんと上田先生が顔も出さずに一番悪い人なわけですけれども，裏で「あれやれ，こうやれ」と言われているのは，全部上田先生のせいです（笑）。

　来週は上田先生の仲間がまた出てきて，いろいろやります。とてもいい先生なのですけれども，上林先生と仙田満先生という建築の先生が来週登壇されます。そのビデオ収録をきのう，実はやったんですけれども，まさに子どもたちの居場所づくりというのを，建築上でどうつくってきたかという方で，お話を伺って大変面白かったです。ぜひ，来週お聞きいただくと，皆さん楽しいかなと。

　あえて，いろいろとぐるぐるとめまいがするとか，「遊環構造」というのを仙田先生は前からおっしゃっているわけですけれども，「不安定な状態にいったん落としてからの方が居場所がつくりやすい」というのを，仙田先生はきのうちょっとおっしゃっていて，それってどういうことですか，みたいなことを上林先生とお話を伺ったりし

ていました。

　というので，今日の話と来週の話も意外とつながっているなと思いながら聞いていた次第でございます。来週も楽しみにしておりますので，皆さん，お時間のご都合がつく方はぜひよろしくお願いします。

**■伊坂**　じゃあ，先生方，来週（Day 2）もよろしかったらご参加ください。それから次年度もいろいろやらせていただければと思います。まずは本年もお世話になりましたし，よいお年をお迎えいただきますようお願い申し上げます。ありがとうございました。

**■一同**　ありがとうございました。

（アフタートーク終了）

（2022年12月 8 日，オンラインにて開催）

# II

## 防災から見た
## 都市とスポーツ

# 5

## 対談「都市・スポーツ・レジリエンス」

仙田　満（環境建築家・東京工業大学名誉教授・環境デザイン研究所会長）
上林　功（追手門学院大学社会学部スポーツ文化学専攻准教授）
モデレーター：
花内　誠（立命館大学客員教授・（一社）スポーツと都市協議会理事）

※肩書は開催時

■上林　事前収録になりますが、「都市・スポーツ・レジリエンス」をテーマに、国内のマツダスタジアム（広島市民球場）をはじめ、多くのスポーツ施設を設計している環境建築家の仙田満先生との対談というかたちで講演をまとめてまいりました。

　仙田先生は講演の中でもお話をしますが、スポーツというものを、もともと遊びに源流があるものだというところで、ロジェ・カイヨワ等を引用しながらお話をいただいている次第です。まずはこちらの動画をご覧になっていただきながら、議論を深めさせていただければと思います。

### レジリエンスという問題意識

■仙田　心のレジリエンスというか、日本は地震災害の頻度が高い国だと言われています。台風、大雨等も多い国です。それでなくても、私は最近、困難な場面に出合う頻度が高くなっているのではないかと思うんですね。そういう国で育つ人たちの心の困難を乗り越える力を育てるというか、そこにハードとして何が役に立つのかということを強く考えています。環境建築家の仙田です。

85

「都市・スポーツ・レジリエンス」というテーマで少しお話をさせていただきます。

　まず，自己紹介的に私の仕事を見ていただきます。私は大学を出て「こどもの国」という仕事をしました。1965年頃です。これは私の建築家としての最初の仕事で，自然体験の重要性を認識いたしました。上海のテニスセンターは世界最初のシャッター型開閉ドームのアリーナです。2005年に完成しました。最近では石川県立図書館です。「ブックアリーナ」と私は呼んでいます。居続けられる場所として多くの利用者に来ていただいています。

　私は現代日本の人とまちのレジリエンスの問題を1番目に，2番目に私が唱えている人とまちを元気にする方法としての遊環構造です。3番目にスポーツ施設におけるレジリエンスの場ということについて少しご紹介できればと思っています。

## 子どもの遊び体験の減少がもたらすもの

　最初の問題ですが，よく「失われた30年」と言われています。子どもたちも，体格がよくても運動能力が低下している。だいたい1985年以降，ずっと子どもたちの運動能力は低下していて，しかも，やる気というか，もっと勉強したいというということも，藤沢市の教育委員会が1965年から2015年ぐらいまでの調査なのですが，どんどん落ち込んでいます。

　そして，子ども・若者の自殺率が，先進国の中でもとても高い。この10年間でも，大人の自殺率は3万人ぐらいから2万人ぐらいに減っているのですが，少子化にも関わらず，子ども，若者は減っていない。かえって増加傾向さえみえます。

　しかも，4月10日，あるいは9月1日という，学校に行かなくてはいけないときに，子どもたちが死を選んでしまっている。これは国家的な問題としてとらえるべきだと思います。わが国のレジリエンスの問題として最大の問題ではないかと考えています。

　私の専門は，この遊び環境の研究です。遊び環境というのは，4つの要素，

すなわち場（空間），時間，コミュニティ（集団），そして方法で構成されていると考えます。そして遊びによって獲得する能力が，身体性，社会性，感性，創造性，そして意欲だと思います。

　いま，日本の子どもたちは，私の調査では1955年ぐらいから，とにかく50年ぐらいで，100分の1の規模で，その遊び空間量が減っています。確かに世界的にも，子どもの遊び環境は小さくなっていますが，日本の変化は大きすぎると考えております。

　そして遊び時間は，1965年から内遊びと外遊びが逆転しています。どんどん開いているわけです。子どもの4人に1人が2時間以上ゲームをしている状況の中で，時間，集団，場，空間，そして方法それぞれが貧困化して，遊びを伝える人がいなくなり，遊びの意欲も減退しています。これらを遊び環境の悪化の循環と呼んでいます。負のスパイラルに陥っています。先ほど藤沢市の学習意欲の低下を示しましたが，意欲は共通しているのです。遊びはスポーツ，あるいは運動の原点だと私は思っているのですが，遊び体験の少なさが問題です。スキャモンの発育曲線でも，神経系の発達というのが8歳ごろまでで90％くらい獲得していくわけですが，動作の習得とか，昔はそのほとんどが遊びで獲得していた部分ができなくなっています。このことに非常に危機感を持っているわけです。

　子どもたちの成長に必要なのは，体を動かす，あるいは安定的な場所ではなくて，不安定な場所でも行動し，バランス感覚などを身体的に養っていくこと，遊ぶことによって困難に挑戦する力を磨くことです。いま，そういう機会が失われているのではないでしょうか。一方，都市のレジリエンスの問題としては，縮小化，シャッター街化，高齢化，地域の衰退があります。遊ぶ意欲，学習意欲，運動意欲はパラレルです。そして都市的にも最大の問題は更新する意欲，困難を乗り越える意欲だと考えています。

### 「遊環構造」で人とまちを元気に

　これに対して，私は子どもの遊びから導いた「遊環構造」という，人とまち

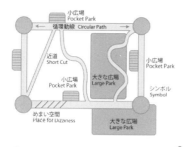

① 循環機能があること
② その循環（道）が安全で変化に富んでいること
③ その中にシンボル性の高い空間、場があること
④ その循環にめまいを体験できる部分があること
⑤ 近道（ショートサーキット）ができること
⑥ 循環に広場、小さな広場などが取り付いていること
⑦ 全体がポーラスな空間で構成されていること

① There must be an overall circulation of play.
② Children must be able to experience variation within the circle.
③ The circle must contain a symbolic high point.
④ The circle must contain a place where children can experience "dizziness."
⑤ The circle must contain large and small gathering places.
⑥ There must be shortcuts.
⑦ The circle must bet accessible through a number of points so that it comprises a "porus" space.

走り回る、遊び回ることで、子どもは多くの学びを得る

図5-1　遊環構造　Circular Play Systems

を元気にする方法を適用したいと考えています。若いころに，日本大学で学生たちと一緒に，こんないろいろな遊具をつくっていて。やはり遊びには発展段階があります。滑るという機能を学習する段階，より速く滑ろうという技術的な開発の段階，あるいは，滑り台は場であって，そこでは鬼ごっこという社会的な「ごっこ遊び」をする段階に移っていきます。重要なのは，やはりみんなで一緒に遊ぶという，社会的な段階に行く遊具だと考えています。そういう集団遊びを生み出す遊具を研究して，そしてこの遊環構造という7つほどの条件を仮説として提出してきました。基本的には，走り回れるという循環機能があること。そこにシンボル性の高い場があったり，安全であり，あるいはめまいを体験できるという一体感であるとか，一時的なパニック状態を楽しむとか，そういうようなものによって構成される場です。

　1984年に発表した遊環構造のモデル図から，最近，右側のような絵に移ってきています（図5-1参照）。一体感というか，みんなが1つになって楽しむ，そういうものがとても重要なのではないかと考えています。めまい空間というのは一時的なパニック状態を楽しむ空間ですが，おまつりのように多くの人と一

体感や高揚感をもつ時にもあらわれると考えています。そういう点で，マツダスタジアムの遊環構造図は右図のようなものなのです。それで2013年頃から遊環構造のモデル図はこの形にして発表しています。もう１つ最近私が注目しているものに，アタッチメント理論があります。1950年代にジョン・ボウルビィというイギリスの精神医学者がアタッチメント理論という愛着理論を発表しています。幼児期の段階で親が敏感に応えた子どもは自立心旺盛に育つということです。すなわち，小さな子どもたちは，赤ちゃんも含めて，「挑戦するためには安心基地が必要だ，安心の場が必要だ」ということです。それはお母さんという存在なのだけれども，それをもう少し広げて，空間だとか時間や方法というところにも，そういうアタッチメントの環境が必要なのではないかと考えています。空間でいえば居場所であったり，和めたり，リラックスできる空間だったり。また，時間だったら分割されない時間。方法だったら熱中，夢中になるものではないかと考えています。

### まちにレジリエンスの場を

　スヌーピーの友達のライナスはブランケットをいつも持っているんですけど，このブランケットが１つの安心の基地だと思うのです。都市というところでも，そういうところがあって，コミュニティとしては豊かなコミュニティ，助け合う共同体，あるいは空間としてはふるさととして緑が豊か，人々が和む広場がある，水辺がある。時間としてはゆったりと流れる豊かな時間，方法としては豊かな文化と。こういう要素があるまちが安心基地として必要ではないか，挑戦する者にとっては必要なのではないか。そういうことを考えて，いまスポーツ施設にそういうレジリエンスの場をつくろうとしてきています。

　これは10年ほど前につくった広島市民球場です（写真５‐１参照）。これはまさに上林さんと一緒につくった球場です。ここでも，いままでの球場と違って開放的です。従来の野球場に比べると，圧倒的にオープンできるさまざま，いろいろな居場所がある。それぞれの観客が，見るだけではなくて，居場所があるというところがこの野球場が支持されている点での大きいポイントではないか

写真 5 - 1　広島市民球場 (2009)

写真 5 - 2　但馬ドーム (1998)

と思います。

　1990年代につくった兵庫県の但馬ドームというドームなのですけど（写真5 - 2参照），これも，60メートルの大きな開閉式ドームで，壁と屋根がぱかっと開くのですが，みなさんがすごく感動してくれます。ここには子どもたちの遊び場が内部にも外部にもつくられていて，ドームとしては不便な場所にも関わらず，年間50万人近い人が訪れています。また岡崎げんき館というのはプールなのですが，これも一部壁と屋根が開きます。そして付属施設としてフットサル

写真 5‒3 三条市体育文化会館 (2019)

撮影：有限会社サタケ。

コートの周りにランニングロードをつくっています。ここには，小さな子どものためのネット遊具，大きなこどものためのこどもエレベーターという遊具もあり，年間30万人もの人々が利用しています。

　新潟の三条市の文化体育館という施設ですが（写真5‒3参照），ここも「めまいの空間」としてのアリーナを中心に，その周りにさまざまな機能を取り付けたというか，遊具も含めて，ある種，ごった煮の体育館になっています。遊具がくっついていたり，ボルタリングがあったり，劇場があったりしています。大変多くの利用者があります。

　長野県立武道館（写真5‒4参照）では「忍者ハウス」と呼んでいる遊具がありますが，もっと多くの人に武道を楽しんでもらう装置の1つとして提案しました。

　2020年に完成した秋田のバスケット練習場は（写真5‒5参照），ノーザンハピネッツの練習場です。2023年には盛岡の野球場が竣工しました。これは，いま工事中の広島のサッカースタジアム。2024年に開場予定です。これもオープンと，居場所というところを非常に重視しています。その中でさまざまな安心基地をつくろうと努力しています。長崎スタジアムシティプロジェクトは，民間

写真5-4　長野県立武道館 (2020)

写真5-5　秋田ノーザンゲートスクエア (2020)

企業が約800億円のリスクをとってスポーツによる町づくりを実現しようとしています (写真5-6参照)。

　わが国は困難の多い国でありますが，困難を乗り越える人材を育む環境として，私は，スポーツ施設は非常に重要だと考えています。人を元気にし，まちを元気にする。その一体感が，その地域で盛り上がる。それによって，人もまちも合わせて元気になる。レジリエンスのあるまちに，あるいはレジリエンスのある人を育てていくためには，スポーツ環境を適切につくり，機能させてい

写真 5-6　長崎スタジアムシティプロジェクト

注：施工上の都合等により今後デザイン含め変更の可能性があります。
提供：ジャパネットホールディングス。

くことが必要なのではないかと考えています。

　最近，居場所というところについて，居続けられる場所をどういうふうにつくったらいいかというところも１つの研究のテーマとしてやっております。

### 「めまい空間」と安らげる場

**■上林**　ありがとうございます。特に仙田先生が遊環構造を実際にずっと研究されている中で，ここ最近で，いわゆる「大きなめまい空間」の重要性ということをおっしゃられています。大きな空間を持つスポーツ施設にもつながっているお話かなと思ったのですけれども。もう少し詳しく，その大きなめまい空間について，お聞かせいただけるとありがたいと思います。

**■仙田**　もともと1984年に遊環構造を発表した時は，都市的な遊環構造には街路やあそび場を舞台に住民，こども達が一体感をもつ「まつり」があることと記しています。例えば，お祭りの場とかをめまい空間という領域に考えています。私の子ども時代には，例えば神社が遊び場の原風景としてあるんですよ。それはお祭りが年に一度ある。だけど，お神楽をやる舞台があったり，いろん

写真 5‐7　石川県立図書館（2022）

な場所があったり，いろんな場所が境内の中に散らばっていて，それをいろい
ろ利用しながら，一年中遊びの場所として何かがやられているというところが
あった。イベントとしていつも何かやっているわけではないのだけど，本当に
1年とか，あるいは1年に4回とかいう場所であっても，そこに多くの人たち
が一体感を持ち，同じ風景を見ながら，そこに一緒にいるだけでの思い出とい
うのが，極めて重要かなと最近考えています。

　もう1つ，松浦寿輝さんという東京大学文学部の教授で芥川賞作家が『知の
庭園』という本を書いているのです。「19世紀のパリの空間装置」という副題
が付いている。それは何かというと図書館のことを言っているのです。彼は，
図書館がほとんどめまいの空間だというように言っているんです。私の思い込
みかもしれないのですが，それに私はすごく影響されたというか。「ブックコ
ロシアム」というコンセプトで AIU の図書館をつくったんだけど。今年（2022
年）竣工した石川県立図書館は，わりかしそのへんを，より意識してグレート
ホールというめまい空間をつくりました（写真5‐7参照）。この石川県立図書館
に来る人の平均滞在時間が4時間ぐらいなのね。読売新聞の人がこの間，これ
を記事に書いてくれた。その人は「気が付いたら8時間いた」と書いていまし
たね。そのぐらい居続けられる場になっていることは，設計者として，とても

うれしいことですね。

広島市民球場なんかでも，いろんな場があるから，何回来ても新しい場所を発見できる。居続けられる場所，愛着の場所，そういう場所を持っている人が挑戦できるというか，意欲を高められるのではないか。空間の論理としては面白いかなと思っているんですけどね。ふるさとというか，愛着を形成する安心基地というのが人には必要なのではないかと思っているのです。

ロジェ・カイヨワはいわゆるめまいの空間を「精神的・肉体的一時的パニック状態を楽しむ」と定義しているのですね。それは，ある種，祈りの空間のような魔術的なのではないかと私は考えています。だから，やっぱりスポーツも，ある意味では遊びも祈りの空間と緊密に連携があったのではないかと考えています。

そういう意味では，なんとなく自分自身を落ち着かせる，あるいは奮い立たせるという魔術というか，そういう要素もきっとあるのではないかな。それがきっと，たぶん，人間の心のひだにつながるのではないかと考えています。

■上林　ありがとうございます。以前，先生からめまい遊びの一例として「高い高い」などがあるとうかがったんですけど。

■仙田　そうね。

■上林　ある意味，例えば赤ちゃんが「高い高い」を楽しむときには，やってくれる両親への絶対的な安心感などに根づいている気がしております。

■仙田　そうね。

■上林　そうすると，先ほど先生がおっしゃっていた居場所や安心基地，もしくはライナスのタオルケットのような話につながるのかなと思った次第です。

### 人びとに寄り添った空間の設計を

■仙田　やっぱり，学校を設計する建築家たちにも，私は言っているんだけれど。なぜ学校に行きたくないと言って死を選んでしまうのか。もちろん，学業やいじめだとか，さまざまな直接的な原因はあるかもしれないけど。学校がもっとわくわく楽しいものであれば死を選ぶだろうか。もっと，その場をつくる建

築家の責任は重いのではないか。子どもたちの居場所というか，それに寄り添った空間をつくっていかないと，未来はないですね。何かやっぱりあれだよね，友達になるきっかけになるような場というか，それが何か必要だと思います。人は自分の意志だけでなく，あの人と一緒にいたいという友達の影響は大きい。友達ができやすい空間が大事だと思います。

　そういう意味では，スポーツというのは，人との関係がなければ成立しないわけだし，「見る」「する」も含めて，さまざまな形成が生まれるので。ひいては，まちも地域も元気にすることができる要素ではないかなと思っているんです。

　そのためには，もう少しイベントのときだけ集まるスポーツ施設ではなくて，もうちょっと日常的に利用ができるスポーツ施設を全てに考えていかないといけないんじゃないかという感じがするんですね。

■上林　先ほど先生が，神社の境内の例を挙げて頂きましたが，日常から使われている場所が転換する面白さがあると思います。

■仙田　そうそう。イベントも重要ですよね。コロナで一番問題なのは，小さな子どもたちの環境でいうと，イベントがなくなったことなんですね。だから，一年間がのっぺらぼうになってしまった。やっぱりイベントは時間に重さを付けていく行為だと思うので，そういう意味では大事だよね。

■花内　長野の公園で，「子どもの声がうるさいから」と言って，公園の近くにお住まいの，たぶんお年寄りの方なんでしょうけれども，言って，市が公園を廃止してしまうというニュースにもなっておりますけれども。

　先生のおっしゃっている遊環構造というものが，この問題は，子どもだけではなくて，いわゆる高齢者にとっても，遊環構造が有効であれば，そのお年寄りは家にずっといるのではなくて，まちに出て行ける構造になっていれば，この問題は起きなかったのはないかなと思っていて。子どもだけではなくて，これから増えていく高齢者の健康や，こういう問題に関して，遊環構造というのはどう働くのでしょう，というのをお聴きしたかったのです。

■仙田　そうですね。最近，ウオーカービリティというのか，歩きやすいまちというのが取り上げられていますね。やはり歩くというのがとても重要です。

その歩くためには，歩くことをある意味習慣化する，あるいは，歩きやすいまち，歩くことが楽しい道順，コースというか。

　やっぱり創造性には集中とワンダリングが必要だと最近私は言っているんだけど。歩くことは脳を刺激してね。お年寄りにとっても，歩き，休めるまちづくりというのが，これから重要だなという気がします。

　アメリカにポートランドという都市があります。アメリカの環境首都，いわゆる一番環境にやさしいまちと評価されているまちなんだけど，そこですごく感心したのは，そこで走っている市電はただなんです。郊外はちょっとお金がかかるらしいのですが，都市の中心部は全部ただ。お年寄りだとか観光客も全部乗るんですよ。そしてまちを歩く。車に乗らない。ウォーカブルシティです。あれはすごいなと思いましたね。

　それはLRTを無料にするという市の決断が，お年寄りを家から外に出しているのです。すごく歩いている人が多い。特にお年寄りが。あれはとても面白いと思いました。そういう町ではお年寄りが公園の子どもの事がうるさいとは言わないのではと思います。お年寄りが外に出やすい町は，健康な町づくりにつながっていると思いました。

■花内　ありがとうございます。遊環構造というハードウエアによるまちづくりというか，建築の構造がまちづくりにも適用できるんだろうなと私は思っていました。それに，いま，先生にお伺いすると，ハードウエアだけではなくて，人間関係だったり，イベントであったり，ソフトウエアも含めたかたちで，まちや建築が考えられていかないと，なかなかうまくいかないんだろうということもよく分かりました。ありがとうございます。

■仙田　そうですね。

■上林　ありがとうございました。まさに都市とレジリエンスを結ぶ，そこを介在する存在としてのスポーツというかたちで，話題提供させていただきました。本日はこのまま，また議論を深めていければと思います。よろしくお願いします。

（仙田　満，上林　功）

# 6

## 防災スポーツ
──スポーツで災害に強くなる環境づくりを目指して──

## 01 被災経験が基になった「防災スポーツ」

　皆さん，はじめまして。ご紹介いただきました，株式会社シンクの篠田と申します。今回，「防災とスポーツ」というテーマということで，いま，事業として「防災スポーツ」という名の下に事業として展開しております。今回，会社として取り組んでいる部分になりますので，他の先生方のお話と毛色が違う部分はあるかもしれないですが，ご了承いただきお聞きいただければと思います。よろしくお願いいたします。

　防災スポーツは，スポーツを活用して，防災への意識なり行動を変えて，未来，いつ来るか分からない災害に対してスポーツで備える，スポーツで守ることができないかという思いで展開しています（図6-1）。

　では，私はなぜこういったことをやったかという原体験のご紹介から，いま行っている内容のお話ができればと思っています。

　これは1995年に起きました阪神・淡路大震災の当日

図6-1　防災スポーツ事業

写真 6 - 1　阪神・淡路大震災　被災当日①

写真 6 - 2　阪神・淡路大震災　被災当日②

の写真ですが（写真6‐1，6‐2），当時，兵庫県西宮市に居住していて阪神・淡路大震災に被災しました。当時，防災の知識も何もない中で，自分なり家族が生き抜くことで精いっぱいだったところで，とはいえ，その中でも家具に埋もれた家族を助け出したりだとか，避難した小学校で地域の人と協力し合いながらプールの水をトイレに運ぶとか，そういったことを被災時に行いました。そういった経験，被災体験というのを体で覚えていたというところがあって，体で覚えるというところは，ボールを投げる・蹴るなどと同じように，スポーツで備えられることではないかという発想から，こういった防災スポーツという取り組みをスタートしております（写真6‐3，6‐4）。

　詳細は後ほどお話しさせていただきますが，実際に災害時に起こり得ることなどを，体を動かしながら，楽しみながら，防災について学ぶプログラムを実施しています。日本は，地震だけでなく，大雨，風水害を含めて災害とは切っても切り離せない国ではありますので，そこをスポーツで生き抜く力というのを育むことができないかという思いで展開しています（図6‐2）。

　具体的に，どういったことをやっているかと言いますと，大きく分けて3つ

ありまして（図6-3），まず防災活動自体をスポーツとして捉え，災害時に起こり得ることを競技化したプログラム「防リーグ」，地域の防災を歩きながら学ぼうという防災視点でのウオーキングイベント「防災ウォーク」，あとは家庭でできる防災を「防トレ」と称して楽しみながら取り組むプログラムを展開しています。

　次に，スポーツの持つ価値，アセット（資産）というものを最大限に活用できればという視点も持っていまして，地域に根差したチームなり，訴求力，発信力のあるアスリートと連動したりだとか，スタジアムや公園といった防災拠点となりうる施設というのも活用しながら地域防災力を高めるような活動をさまざまなスポーツ関連団体と連携し展開しています。3つ目として，防災とスポーツを

写真6-3　防リーグ　イベント画像①

写真6-4　防リーグ　イベント画像②

この国から
災害を無くすことは難しい。
だからこそ、もしもの時に
生き抜く力を育みたい。
スポーツにはそれができるはず。

いつもの習慣が
もしもの力になる。

図6-2　防災スポーツのコンセプト

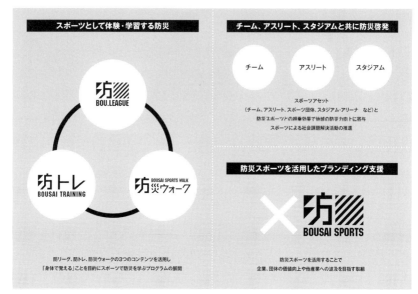

図6‐3　防災スポーツの取組（3つの分野）

組み合わせた新しいサービスの開発，企画監修なども行っています。

　チームやアスリートとの連携というところを捕捉しますと，災害が起きた後に，復旧，復興のためチームなりアスリートが支援することがあります。こういった活動は，勇気づけられることだし大事ではありますが，そもそも災害が多いのであれば防災活動というところもチームなりアスリートと一緒に取り組むことができないかという視点が防災スポーツ活動の思いとしてあります。

　この活動を通して，災害の多い日本の防災課題をスポーツで解決することを目指すことはもちろんですが，それだけにとどまらず，スポーツ実施率向上などといったスポーツの課題というところも防災から解決できるような思いを持って展開をしています（図6‐4）。

　なぜスポーツが防災に活かせるのかというところで，スポーツは，楽しむ要素〈遊戯性〉，体を動かす要素〈運動〉，競争・スピードを養う〈競争性〉ことから成るといわれ，体を動かしてスピードを養うというのは災害時にも役立つことです。また，防災とか災害というと，怖いとか危ないとかマイナス的なイ

図6-4 防災スポーツの事業マトリクス

メージを持ちやすいところに，スポーツの持つ，「楽しむ」ということを加えることによって，防災とか災害に対する心理的ハードルを下げて体を動かしながら，防災について考えるきっかけというのをスポーツで実践しています（図6-5）。

　プログラムの具体的な説明をいたします。まず，競技型の体験プログラム「防リーグ」は，災害前の備えから災害時の自助・共助，災害後の復旧，復興までをスポーツ競技として体験するプログラムとして開発して学校，自治体，企業，

図6-5　なぜスポーツか

スポーツチーム・施設等々に展開しています（図6-6）。

　「防リーグ」は，過去に起こった被災地の状況とか被災者の声とかをヒアリングして，災害時に起こり得る状況などをスポーツ競技として落とし込み開発しております。最近，水害も多いですが，水難救助を的あてと綱引きの要素にすることで，小さい子どもが楽しみながら体を動かして体験できることに重点をおいて種目を開発しています（図6-7）。

　「防トレ」は，家庭でできる防災対策，例えば家具の転倒防止とか，備蓄などをどのようにすればよいかというところを，トレーニングと称してイラストを多く取り入れることで，取り組みやすい工夫を行っています（図6-8）。

　「防災ウオーク」は，地域の防災を歩きながら学ぶプログラムです。これは健康づくり，体力づくりという視点も含めて，防災視点でウオーキングするプログラムになります（図6-9）。

　これは防リーグを行っている様子になりますが，スポーツフィールドのよう

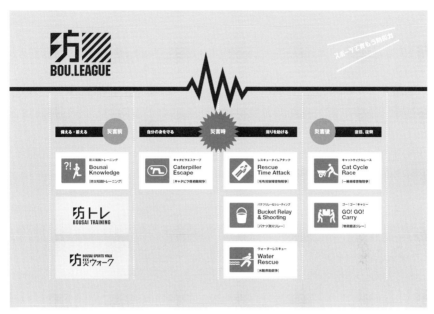

図6-6　防リーグ種目例

図6-7　被災地の状況などを反映し種目開発

図6-8　防トレ　家庭でできる防災対策

図6-9　防災ウォーク

写真6-5　防リーグ　イベントの様子

に演出し，備品を白黒を中心に制作し，装飾することで，「やってみたいな」，「楽しそうだな」というイメージも持たせながら，小さい子どもから大人まで，楽しみながら体を動かして，その結果として，防災について身体で覚え，学ぶことができるというプログラムになっています（写真6-5）。

　こちらは対象別の実施例になります。地方自治体は，地域の政策課題・地域課題というところのソリューションとして，新しい防災訓練，スポーツ振興プログラムとして活用していただいています。

　学校は小学校から大学まで幅広く導入していただいていますが，新しい防災教育として実施していただいたり，大学では地域とのコミュニケーション，コミュニティづくりのきっかけとして活用していただいたりしています。

　企業では，集客，いわゆる販促のコンテンツとしての活用であったり，社内的に福利厚生，BCP，事業継続力強化計画の推進という災害対策の一環としての活用も進んでいます（図6-10）。

図6-10　防リーグ　対象別導入事例／国・自治体，学校，企業

図6-11　防災リーグ　効果検証

　こちらは効果検証の紹介になります。小学校の行事として導入し，事前・事後で効果検証したところ，共助の意識が高まったり，家庭での防災行動が増えるといった効果が見られました。これは，子どもがこういう体験を通して防災

の意識なり行動が変わると，親や家族の意識も変わり，防災行動が増えるといったことが考えられます。また，もしもに備えて運動・スポーツの実施意欲が高まったり，スポーツ実施という視点での効果も見られました（図6-11）。

受賞の話となり恐縮ですが，こういった取組をさまざまなところで評価いただき，スポーツ庁　室伏広治長官より第8回スポーツ振興賞　スポーツ長官賞＜地

写真6-6　スポーツ庁室伏広治長官と著者（第8回ス　ポーツ振興賞　スポーツ庁長官賞受賞時）

域振興，まちづくり＞や INNOVATION LEAGUE　コンテスト　ソーシャル・インパクト賞＜スポーツビジネス＞を授賞いただくなど活動の励みとなっています（写真6-6）。

## 02 スポーツの持つ価値を防災に活かす

これまでは防災自体をスポーツコンテンツにする点をお話させていただきましたが，スポーツの持つ価値を活用することにも力を入れており，簡単ですが事例を基に紹介させていただければと思います。

アスリートやスポーツチームという訴求力，発信力を活かして，受け手となるファンや地域住民に防災への意識を高められるのではないかと考えています。実際，サッカーの元日本代表の巻誠一郎さんと一緒に取組を行いました。ご自身も熊本地震などいろいろな災害の復興にも関われていますが，熊本の

写真6-7　岩崎恭子氏との取組の様子

写真6-8　J2水戸ホーリーホックとの取組の様子

写真6-9　秩父宮ラグビー場での取組の様子

子供達に対してサッカー教室と防リーグを組み合わせ実施しました。

　最近，水害も多いので，水泳のアスリートに水害のことを学べるといいのではと考えて，オリンピアンでありメダリストである岩崎恭子さんと一緒に，小学校のプールを利用して，いわゆる着衣泳，服を着た状態での浮く姿勢だったり，水害に遭った時の救助を体験したり，リアルな体験プログラムとして共同で実施させていただきました（写真6-7）。

　スポーツチームとの連携という点では，現在Jリーグ，WEリーグ，Bリーグ，リーグワンのチームと実績があります。Jリーグ水戸ホーリーボックとの取組では，試合前に，ジュニアの選手やファン・観客の方に体験機会を提供し，防災啓発をチーム発信で展開していただいています（写真6-

図 6-12　防リーグ　対象別導入事例／チーム，アスリート，スタジアムと共に防災啓発

8 )。

　次にスポーツ施設の活用についてです。防災拠点になっているような，いわゆるスポーツ施設が全国にあるかと思います。そういった全国にある施設との連携も広めておりまして，○○スポーツセンターとか○○アリーナなど，弊社のコンテンツと連動させながら地域の防災力を高められる活動も広めています（写真 6-9 )。

　こういった形で，チーム，スポーツ団体や，アスリート個人，スタジアム，アリーナという施設だったり，スポーツの持つアセット（資産）とも連携しながら防災啓発，防災力を高めるような活動も進めています（図 6-12)。

　また，防災とスポーツを組み合わせたノウハウを活用することによって，企業や団体に対する支援も積極的に行っています。企業や地域などに合わせたオリジナルのコンテンツをつくったり，企画・監修を行ったりなど，防災スポーツという視点に魅力を感じていただいて，お話をいただくことも増えてきています（図 6-13)。

図 6-13　防災スポーツを活用したブランディング支援

図 6-14　防災スポーツを活用したブランディング支援例

事例を挙げさせていただきますと，商業施設でのゴールデンウィークイベントとしてスポーツ視点で取り組むということをプロデュースさせていただきました（図6-14）。

スポーツが防災に取り組むことで、スポーツの価値を高める

図6-15　防災スポーツでスポーツの価値向上を目指す

こういった取り組みを通してスポーツが防災に取り組む，社会課題に取り組むことによって，スポーツの価値を高める一助にもできたら良いなという思いで活動しております（図6-15）。

# 03 防災とスポーツ両面の課題解決の可能性

最後に今回，「スポーツ×都市」ということなので，地域課題解決の可能性。これは事業をやりながらなので定量的根拠があるわけではなく主観にはなりますけれども，簡単に感じている部分をお話しさせていただければと思います。

将来的には，この防災スポーツを文化というとちょっと大きい話になりますけど，当たり前のことというか日常的なプログラム（学校安全教育や，先ほどご紹介したスポーツ団体・アスリートの連携，地域にあるスポーツ，または公共施設との連動）として展開していければと思っております。そして，その地域のスポーツ，健康視点も含めたまちづくりに寄与できるようなプログラムであったり，そういったところで日常的なものになっていけるように展開していければと思っております（図6-16）。

防災側の課題解決の可能性として，自治体の方々とお話ししていると，いま行っている取組というのは，内容がマンネリ化していたり，参加者が高齢化しているというところに課題があることをよく耳にします。そこにスポーツを取

図6-16　防災スポーツ文化創出を目指して

り入れることにより，参加する年齢層を下げたり，幅広いコミュニティづくり
として，世代間をつなぐ役割として活用できるのではないかと可能性を感じて
いただいています。

　また，少子高齢化という社会課題も日本にはありますが，そういう面では，
災害時に助ける側になる若い世代，体力があるスポーツをやっている子どもた
ちにこういったスポーツを活用することによって訴求して，新しい課題解決に
つなげられればと思っています。

　あとは，子どもから大人へということで，これは途中，お話もさせていただ
きましたけれども，子どもの意識や行動が変わると，大人の意識や行動も変わっ
ていく場合も結構多いのかなと感じている部分ではあります。

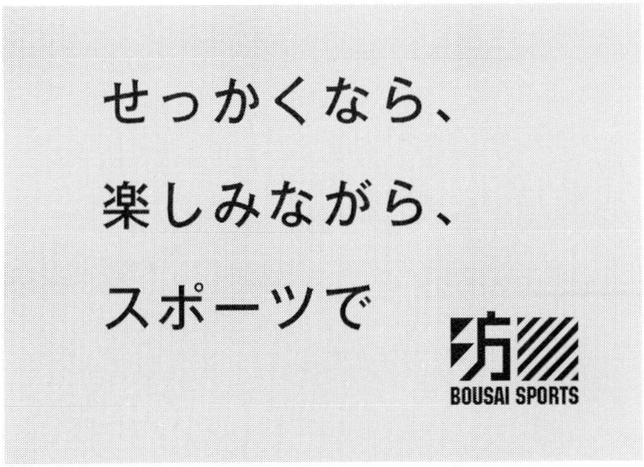

最後に，スポーツというものを活用することによって防災課題というのを解決しようという視点で取組を始めましたが，これは逆も言えて，防災というのを入り口にスポーツというものに親しむ機会，スポーツ庁で展開されている Sport in

**せっかくなら、楽しみながら、スポーツで**
防 BOUSAI SPORTS

図 6-17　スポーツで防災課題解決を目指す

Life プロジェクトの一環のように，スポーツに親しむ機会の 1 つとして防災スポーツも位置付けられるようにしていければと考えています。

　災害は，日本では切っても切り離せない社会課題である中でも，どうしても「人ごと」になり，「自分ごと」になりにくい部分があります。せっかくやるならば楽しみながらスポーツで意識や行動を変えられ，防災課題解決の一助になればという思いで実施しています（図 6-17）。

　以上になります。ありがとうございました。


付記
　「防災スポーツ」と「防リーグ」は株式会社シンクの登録商標です。

（篠田　大輔）

# 7

## 防災インフラを活用した日常の
## アクティビティを誘発する場のデザイン

## 01 防災とスポーツの相互乗り入れによる化学反応

　私はスポーツの専門家ではなくて，まちづくりや都市デザインの専門家です。東日本大震災の経験を踏まえて，避難タワーや丘の上の避難施設が，南海トラフ大地震による津波が予想されている太平洋側を中心に整備が進んでいます。11年前の震災で教訓として，とにかく安全な場所に早く避難しないといけないということが分かりました（**写真7‑1**）。これに関連して，防災がご専門の東京大学の加藤孝明先生が，「住民のみなさんが安全な場所に1秒でも2秒でも速く走れるようになれば，それだけ多くの人の命が助かる」と述べられています。至極当然のことですが，一方で，これに勝る対策はありません。

　防災の取り組みで有名な高知県の黒潮町では，日本一短い避難訓練と日本一長い避難訓練に取り組んでいます。日本一短い訓練は，寝床に入ってから起き上がって，すぐに準備をして寝室から玄関先まで避難するという訓練です。それに対して，日本一長い避難訓練は，一次避難所から二次避難所まで4.5kmの山道を避難する訓練です。日ごろから体を鍛えておかないと，いざという時に4.5kmの山道を登って逃げようと思っても逃げられない。避難タワーも，いざという時に足腰が弱っていて速やかに昇ることができなかったら無用の長物です。そのような意味で，強引な理屈ではありますが，防災にスポーツが役立つということが言えます。

　また，加藤先生は，「防災だけ」から「防災も」，すなわち「防災だけを考え

写真7‐1　津波避難タワーや高台の避難施設

るんじゃなくて，防災を主軸にして地域課題を総合的に考える」という発想が大切だということをおっしゃっています。篠田さんのお話にもありましたが，まさに「防災×スポーツ」ですね。

　津波避難タワーのような防災施設は，収益を生むわけでもないのに，1つ建設するのに何億円もかかっています。なんとかして，これをスポーツに活用できないか。篠田さんの取り組みのように，スポーツを通じて防災学習や避難訓練を実施する。このように，防災とスポーツが相互乗り入れすることで，新しい化学反応が起きるのではないかというのが私の仮説です。そして，より多くの人が防災やスポーツに触れる機会を増やすことにつながります。

　私は，立命館の教員に着任する前に，東京都で「事前復興まちづくり」の研究をしていました。大災害を発生した後の復興プロセスをあらかじめ学習しておくことで，災害時及びその後にスムーズに復興を行うことができる。復興計画を，震災直後の慌ただしい時に考えるのではなく，平時の落ち着いている時に考えておく。どのように復興をしていこうかという青写真を地域住民や行政職員と共有しておくためのワークショップです。これを「復興模擬訓練」と呼んでいました（写真7‐2）。復興の遅れによって，震災後の避難生活や仮設住宅での生活が長引くことにより，孤独死などの二次災害の発生が懸念されている中で，そのような問題を未然に防ぐことのできる取り組みです。

さらに，これを震災後に復興で取り組むのではなく，震災前からやっておけば，被害を軽減できます。東日本大震災では，震災後に高台に安全なまちをつくりました。阪神淡路大震災では，震災後に燃えにくい壊れにくい建物に建て替えて安全なまちに再生しました。これらの取り組みを震

写真 7‐2　新宿区での復興模擬訓練の様子

災前から始める。すなわち，「事前復興」の取り組みを超えて，震災前の日常と震災後の非日常を連続的に考える「連続復興」という考え方です。話を戻しますと，「連続復興」の理論から，日常のスポーツを通じた地域活動のチームワークは，非日常の防災や震災復興に活かされます。それに加えて，非日常の防災や震災復興の学習が，日常の地域活動やスポーツを通じた健康の維持に活かされるはずです。

## 02 防災インフラ「防潮堤」のアクティビティを誘発するデザイン

　私は，東日本大震災の後，宮城県気仙沼市の内湾地区の復興まちづくりに10年間ほど関わってきました。内湾地区は，気仙沼の中心市街地であり，年1回の気仙沼の一番大きなお祭り「みなとまつり」の舞台でもあります。気仙沼市の死者・行方不明者は1373名と多くの方が亡くなられました。気仙沼をはじめとして，宮城県内の沿岸には，防潮堤が整備されていなかったということもあり，多くの方が亡くなり，建物が流されてしまいました。内湾地区も，津波の被害を受けましたが，津波の高さは最大で4～5m程度だったため，コンクリート造の建物や石蔵などは，流失せずに済みました。また，海の見える海岸

写真 7 - 3　背後に避難できる山のある気仙沼内湾地区

の最前列のお住まいの方で, 亡くなった人はいません。その大きな理由が, 海のすぐ背後に山があるからです。避難路を駆け上がれば, すぐに安全な場所に避難できる地形が, 多くの人を救いました (写真 7 - 3 )。

とは言え, 三陸沿岸全体では, 多くの方が亡くなり, 多くの建物が流されました。そのため, 国の復興の方針のもと, 県は, 復興の際に三陸沿岸に防潮堤を整備することを決定し, 内湾地区では 5 メートルの高さの堤防計画が示されました。内湾地区の住民としては,「海が見えるのが当たり前だった場所に壁がつくられてしまうと, 海とまちが断絶されてしまう。すぐ後ろの山に逃げれば安全なので, 防潮堤ではなく, そのお金で避難路をきちんと整備してほしい」。しかし, 県としては,「県民の命を守るためには, 防潮堤をつくる必要がある」と。県と内湾地区のみなさんの話し合いは, 平行線のまま進んでいきました。気仙沼市は, 防潮堤の整備を前提とした上で, 大津波が防潮堤を超えて, 浸水しうる低地のエリアを災害危険区域に指定し, 保育園や高齢者施設などの児童福祉施設や住宅などの建築制限を行うことを決めました。これによって, 防潮堤を整備しない場合は, 内湾地区の全域が災害危険区域に指定されるため, この地に住み続けられなくなってしまいます。内湾地区は商業地域とは言え, そこに職住近接で住む人たちや, 住み続けたい高齢者もいらっしゃいます。災害危険区域に指定されて, 住宅をつくれなくなったら, まちに人が戻って来ないため, 復興が進みません。以上の経緯から, 地域住民の代表者の組織である内湾地区復興まちづくり協議会 (以下, 協議会) で, 県の防潮堤の計画の方針を認めることになりました。

三陸沿岸の漁港では，防災を優先して防潮堤の建設が進められていきました（写真7‐4）。しかし，内湾では防災だけではなく，漁業や観光との共存が可能な防潮堤の在り方について，協議会で模型を使ったワークショップで話し合い，県に提案しました（写真7‐5）。そのアイデアが，防潮堤を斜面緑地と建物とで両脇から挟み込んで防潮堤の存在を隠し，防潮堤の上を自由に行き来ができるように海とまちをつなぐというものでした（図7‐1）。このアイデアを防潮堤の整備主体である県も受け入れ，気仙沼市や地元のまちづくり会社などが協力して，海とまちが一体的に整

写真7‐4　防潮堤の建設が進む三陸沿岸の漁港

写真7‐5　協議会で防潮堤のアイデアを提案するワークショップ

備され，防潮堤の周りが市民や観光客が集まる場所として復興しました（写真7‐6）。私は，その一連のデザインの提案や調整に携わってきました。

実は，この斜面緑地は，あくまでも津波来襲時にまち側に逃げる際に必要となる避難施設として整備されています。でも毎日，大津波が来るわけではないので，普段は子どもたちの遊び場になっています（写真7‐7）。階段も避難施設ですが，イベント時は観客席として使用されます（写真7‐8）。防潮堤の上

図7-1　海とまちをつなぐ内湾地区の防潮堤の断面構造

写真提供：かとうまさゆき写真事務所

写真7-6　復興した内湾地区のウォーターフロント

　のデッキも，2つの施設を，1階が浸水したときに2階で行き来ができるように2つの建物をつないでいる避難のための通路ですが，ふだんは，観光客の周遊コースの回廊として利用されています（写真7-9）。内湾のウォーターフロントは，地域住民の日常生活のウォーキングやランニングに利用されています（写真7-10）。

　また，防潮堤を隠すために2つの建物が建てられていますが，そのうちの1つは，気仙沼市の公共施設です。震災によって，別の場所で被災した勤労青少

年ホームを，この内湾地区に建て直してもらいました。そのまま同じ施設を復旧するのではなく，スポーツ文化複合施設として，軽運動場やシェアオフィスが整備されました（写真7-11）。

これからの時代は，箱をつくっただけでは不十分で，それをどう使うのかを考える必要があります。地域住民や観光客に施設を使いこなしてもらう仕組みやソフトウエアが無いとハードウェアをつくる意味がない。震災後10年を経て，施設が全て完成しました。それで終わりではなく，これからウォーターフロントの使い方を考えていくために，試しにいろいろな社会

写真7-7　子供たちが楽しく遊んでいる斜面緑地

写真7-8　イベント時には観客席になる避難階段

実験イベントを行っています（写真7-12）。公共施設の管理を任されているまちづくり会社で，水辺でのウォータースポーツや観戦，岸壁を使った3on3バスケ大会，プロレス観戦，スケートボード大会，防潮堤を使った壁打ちテニス，ボルダリングなど，水辺でできるいろいろなスポーツのイベントやアクティビティを企画されています。

写真 7 - 9　観光客で賑わう防潮堤の上の回廊

写真 7 -10　ウォーキングやランニングの人で賑わい内湾の岸壁

写真 7 -11　若者がバスケットボールなどに利用できる軽運動場

写真7-12　ウォーターフロントを活用した社会実験

# 03 防災インフラの活用を通じた 「防災だけでないまちづくり」

　高知県のある漁港のまちづくりについてお話ししたいと思います。切迫する南海トラフ大地震に備えて，西日本の太平洋側で防潮堤建設が進められています。その際に，防災だけのための防潮堤ではなくて，地域資源を活かすアイデアを検討しています。海辺の景観を楽しめるサイクリングロードやランニングコース，釣りを楽しんだ後に丘の上で泊まれるキャンプ場など，気仙沼での経験を活かして，アウトドアやスポーツを楽しめる場所として，防潮堤を整備するためのデザインを提案しました（図7-2）。

　次に，立命館大学びわこ・くさつキャンパスの近辺のプロジェクトとして，「急がば回れ」の語源にもなっている「近江八景」の1つにも描かれている「矢

図7-2　防潮堤を活用したサイクリングロードの提案CG

写真7-13　矢橋帰帆の船着場を活用した社会実験

橋の帰帆」のまちづくりを紹介したいと思います。堤防は海だけでなく，琵琶湖の湖畔にも整備されています。高度成長期に宅地開発を進めるために，洪水などの発生時の浸水対策が必要だったため，琵琶湖総合開発事業により湖岸堤防が整備されました。これに合わせて，多くの区間は，湖岸道路が整備され，親水性や湖の見える景観が失われてしまいました。矢橋の帰帆の周辺も，元々の船着き場よりも湖側が埋め立てられ，湖岸堤防によって，湖への眺望が失われてしまいました。湖岸堤のさらに湖側には，船着場が整備されたのですが，その老朽化が進んでいます。

　その船着場の前に，人工島「帰帆島」が下水処理施設として1982年に整備されました。下水処理施設の屋根の上にはテニスコート，施設の増設予定地には，野球場などのスポーツ施設や公園が整備されています。整備がなされてから40年近く経っていることもあり，そろそろ新しい形に整備できないかということで，周辺にお住まいの住民協議会の皆さんから相談を受けました。船着き場と併せてスポーツ施設もリニューアルするための提案を考えるために，模型を使ったワークショップを行い，さらに，船着場の新しい活用方法を検討するための社会実験として，カヌー体験のイベントを実施しました（写真7-13）。この2年間の取り組みを提案にまとめ，これから行政関係者との協議を始めようとしているところです（図7-3）。

　その実現に向けて課題となるのが，そもそも帰帆島が，公園ではなく，下水処理施設というインフラを目的とした施設であることです。公共施設というのは，予算の関係上，当初の目的のまま使い続けるしか道が無いわけです。帰帆島には，人口増加によって対応できない場合に下水処理施設を増築するための

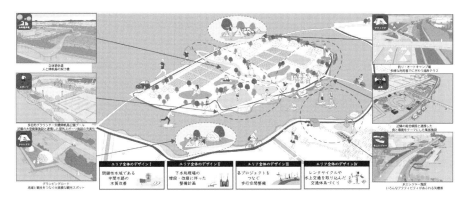

図7-3　矢橋帰帆島と周辺のまちづくり提案（老上西まちづくり協議会）

用地を確保していたのですが，これも利用されていないのに，仮設以外の建築物を建てることは許されません。もちろん，別の用途に転用することも可能でしょうが，そのための手続きは大変です。行政だけの発想では，新しいことをするのは難しいので，昨今では，PFI/PPP方式などを活用して，民間事業者の発想で，ワクワクする施設やまちづくりを進めるために，官民連携による事業が多く見られます。大学キャンパスの最寄りの湖畔である矢橋帰帆島においても，このような事業展開を模索しているところです。

# 04 まとめ

基調講演で東京大学の小泉秀樹先生がおっしゃっていた「プレイスメイキング」を思い出してください。私の話をまとめると，「防災のためのスペース（＝空間）が，スポーツの力でプレイス（＝場所）化され，日常のアクティビティを誘発できるのではないか？」ということです。すなわち，防災×スポーツによって，都市空間のプレイスメイキングを実現するためには，3つポイントがあると考えます。

1つ目は，分けて考えがちな「非日常の防災」と「日常のスポーツ」の裏表を一緒に考えてみることです。非日常のための防災施設を日常のスポーツのた

めに使用できるようにする。すなわち「目的外使用の目的化」です。目的外使用を目的化することによって，防災のための施設で，公然とスポーツができるようになり，その施設に対する理解や愛着が深まり，多くの人々に使いこなされることになるでしょう。

　2つ目に，防災インフラを管理している行政の土木建設部局と，スポーツ振興を担当している部局の連携による施策融合です。1つ目の「目的外使用の目的化」のためにも必要なことですし，実現のための体制を整える必要があります。

　3つ目は，防災インフラを，こんなに楽しく使える，ワクワクする場所になりうるということを示すために，防災インフラを違うかたちで活用する実験して繰り返すこと大切です。都市計画の分野では，社会実験を繰り返し実施し，検証しながら戦略的に都市空間を再生していく手法を「タクティカル・アーバニズム」と呼んでいます。

　立命館大学びわこ・くさつキャンパスの周りには，インフラが存在します。それらのインフラは，防災だけでなく交通・農業など，それぞれが決められた目的のために整備されたものです。今後，これらのインフラを，日常のアクティビティやスポーツの場にも活用できる施設に転換し，市民や学生が安心かつ健康的に暮らすための生活インフラに転換できるのではないかと考えています。そのために，大学の研究室としても，何ができるのかを考え始めているところです。私の話は以上になります。ご清聴ありがとうございました。

（阿部　俊彦）

# 8

## 被災地×スポーツ＝ささえ合う力と心の復興

### 地縁・血縁を一瞬で破壊した巨大津波

　今日のシンポジウムは「都市×スポーツ＝防災」がテーマになっていますが，私の発表は，すでに災害が発生してしまった後の復興期の被災地でスポーツがどんな役割を果たしているかというお話になります。といいますのも，被災地の復興の在り方を考えることが次の防災につながると考えるからです。東日本大震災で甚大な津波被害に遭った被災地の事例をご紹介させていただく中で，スポーツと防災についてみなさんも一緒に考えていただければと思います。

　まず初めに，2011年3月11日の東日本大震災がもたらした東北地方太平洋岸一帯の被害というのは，みなさんもご記憶に残っていることと思います。多くの人が住み慣れたわが家を津波に流されてしまったり，あるいは大切な家族を失ってしまったりというかたちで被害を受けており，それが結局，その地域の地縁，血縁の喪失というものにつながっています。

　多くの人が自宅に大きな被害を受けましたので，まずは近くの避難所に避難して当面の身の安全を図りました。これが復興に向かう道の第1段階。少しすると，不自由ながらも最低限のプライバシーを保つことができる仮設住宅が建設され，そこに入居するのが第2段階。さらに地域の復興計画が策定されて災害復興住宅が完成すると，希望者が抽選で順番に入居することができ，第3段階のまっとうな暮らしが可能になるわけです。とはいえ，短い時間の中で生活拠点を次々と渡り歩く過酷な生活を余儀なくされるのが実情です。

　若い人たちは新たな環境に順応して生活を立て直すことが比較的スムーズにできますが，肉体的にも経済的にも生活を再建する力が弱っている高齢者にお

いては，災害公営住宅に入居するのも簡単ではありません。使った分の光熱費だけ払えばよかった仮設住宅と違って，災害公営住宅は月々の家賃がかかるのです。収入に不安を抱える人は災害公営住宅に入りたくても入れず，仮設住宅に取り残されてしまうケースもありました。

　そうしたさまざまな要因が複雑に絡み合い，気がつけば家族は離ればなれの生活となり，気心の知れた友人や知人とも気軽に行き来できない状態となり，長い時間をかけて日々を過ごすことで育んできた地縁や血縁が破壊されていきました。こうしたかたちで地域コミュニティというものを一瞬にして喪失してしまったことが，物的被害と並ぶ被災地の大きな被害なのだろうと考えています。

### ■ 災害時の「共助」を担う主体をどう形成するか

　東日本大震災以降，国や地方自治体は災害に強いまちづくりというものを標榜し，「公助」「共助」「自助」といった3つの要素から防災計画を策定しています。いまは国も地方も税収が減少していますから，業務の効率化を図るために人員を削減しており，防災のための予算も人手も不足しているのが実情です。これではいざというときに「公助」に期待することができませんので，日頃から地域に暮らす住民同士の「共助」を分厚くしていきましょうと『防災白書』などでも盛んに謳われているわけです。しかし，その「共助」の主体となるのはいったい誰なのでしょうか？　いまや地方にあっても自治会や町内会などの地域自治組織は崩壊しているところが多いといわれます。そのような地域において，「共助を分厚くしていきましょう」と簡単に言われても，主体となって地域を動かしていくような集団やネットワークが見当たらないというのが現実です。共助を担う新たな主体（住民集団）をどう形成していくかを考える必要があるのではないでしょうか。

　災害直後というのは外部から多くのボランティアが被災地に支援に入ってくれますし，多くの支援物資や支援金（義援金）等も届けられるわけですけれど，ある程度，時間が経過して不自由ながらも被災者が何とか生活していけるとい

う状態になると，世間の関心もだんだんと薄れてきて，ボランティアの人手も支援物資も少なくなってきます。その中で復興に向けて誰が主体的に動いていかなければならないかといえば，やはり被災した当事者自身です。被災した者同士がお互いに助け合って前に進まざるを得ません。

そこで，地縁や血縁に代わる新たな「共助」の主体として，私はスポーツを通じたつながりが考えられないだろうかと思いました。震災以前から被災地の内部で活動を行っていたスポーツ集団に焦点を当て，震災前の活動の様子や参加の目的と比較しながら，被災直後から現在に至るまでの活動がどのような経過をたどり，メンバーの意識がどう変わっていったのかを時系列で追うことで，スポーツでつながった住民集団が地域共助に何らかの役割や機能を果たせるのではないかと思ったのです。

1995年の阪神淡路大震災などと比べると，東日本大震災は仮設住宅での避難生活が長引いてしまったというのが大きな特徴として挙げられます。被災直後は避難生活に必要な物資が不足していたため物理的な支援が中心となっていましたが，いつ終わるのかが見えない長期の避難生活では精神的な支援というものがより重要になってきました。仮設住宅では，地縁や血縁を喪失して孤独に陥っている人，人生の展望が見えなくなって不安を抱えている人が，うつ状態に陥って自殺未遂を起こしたり，厳しい現実から逃れるためにアルコールに依存してしまうケースもありました。被災者たちが集まって一緒に身体を動かすことができれば少しは元気になるのではないだろうか，スポーツを通じてつながった仲間同士がつらい経験を共有し合えれば精神的にも支え合えるのではないか。

仮設住宅からようやく災害復興住宅に入れたとしても，抽選で当たった人が順番に入居する仕組みだと近隣に知り合いがまったくいない環境になることも多く，自室に一日中引きこもって周囲と交流しないという高齢者を多く見かけました。こうした高齢者が安心できる居場所を新たに確保したり，生きる希望を見いだすには，日常的な人とのつながりを持つことが重要なカギを握っているといわれます。「集会所でみんなと一緒に体操をしてみない？」と誘って，

同じ境遇の人々とともに楽しみながら身体を動かせば，自ずと人とのつながり
も形成できるのではないかと思うのです。

## ■ 優劣を競わず誰もが平等に楽しめるダンベル体操

　いくつもの被災地をフィールドワークする中で，私がその活動に注目したの
が宮城県O町のダンベル体操クラブ（通称ダンベル会）でした。

　ダンベル体操と聞いてピンと来る人は少ないと思うのですが，筑波大学の鈴
木正成先生という方がダイエットや健康づくりのために考案した体操です。若
い人は本格的なダンベルを握って行いますが，高齢者は重たいダンベルを握っ
て身体を動かすことは難しいので，玄米300グラムを布袋に詰めた玄米ダンベ
ルというものを使って，「玄米ニギニギ体操」という形で行っています。たっ
た300グラムのダンベルですが左右の手に1つずつ持って身体を動かせば，高
齢者も握力と腕力が強化され，生活の基本動作に必要な体力がつけられるとい
われています。介護予防にも効果があるということで，高齢者の運動教室に取
り入れている自治体も多々あります。

　このダンベル体操を，震災前からO町をはじめとする高齢化の進む地域で
熱心に指導していたのが，NPO法人わくわく元気ネットの鈴木玲子理事長（東
北福祉大学特任教授）です。鈴木玲子先生によれば，「ダンベル体操は誰もが気軽
に参加して楽しめるのが特長。運動の得意・不得意にかかわらず，みんながリー
ダーになれるスポーツなのです」といいます。優劣を競わない軽い体操ですか
ら，誰もが平等に楽しめるという利点があります。そうした特長も，他者との
比較に敏感になりがちな被災地で実践する運動として，とても適したものだっ
たのではないかと私は考えています。

　次に，調査対象となった宮城県O町についての概要を少しご紹介します。
主要産業は漁業で，ワカメやホタテ，カキなどの浅海養殖業が盛んな地域です。
震災前も人口4300名という小さな町だったのですが，3・11によってさらに250
名の命が失われ，町の約7割の建物が流失・損壊したといわれる被害が大き
かった地域です。町の中心地域の復興計画は策定が大幅に遅れたことから，多

くの人が町を離れて生活再建する決断を余儀なくされました。現在の人口は1074名ほどで震災前の4分の1以下に減っており，いまも人口流出に歯止めがかかっていません。多くの町民が隣町に建設された大規模な災害復興住宅に転居していまして，私が調査を行ったダンベル会のメンバーも，住民票の上では半分ほどが町外在住者になってしまいました。

### ■ 解散から一転，みんなの大事な居場所になった

この O 町ダンベル会がどのようなグループなのかといいますと，最初は行政の呼びかけで始まった公民館主催の「健康教室」がきっかけだったといいます。こうした教室は一定の期間開催してひと通りのレッスンをこなすと終了するわけですが，「せっかくここまで続けてきたのだから，これからも有志でダンベル体操を続けていこう」と結成されたのが，『O 町ダンベル会』というダンベル体操クラブでした。会長の Y さんは O 町で手芸店を営んでいまして，手芸を愛好する主婦たちを中心に O 町在住の女性をよく知っている面倒見のいい方です。裏表のない実直な人柄の Y さんがリーダーになったことで，月2回の例会や運動を終えた後の"お茶飲み会"をみんなが楽しみにするようになり，ダンベル会が1つにまとまっていったのです。

このダンベル会には，震災前に30名の会員がいたのですが，津波により6名が犠牲になりました。震災直後は，「ダンベル体操なんてやっている場合じゃない」と一度は解散したものの，メンバーの強い要望で復活しまして現在は約20名で活動しています。

なぜ復活することになったのかと言いますと，解散を決めた直後にメンバーの K さんから会長の Y さんに「知り合いが誰もいない土地で日中ずっと1人で家にいると，不安で頭がおかしくなってくる」と切実な思いを訴える SOSを発信してきたからです。先の見えない閉塞された暮らしの中で，「K さんと同じような気持ちを抱えている人が，震災後は大勢いるんじゃないか」と思った Y さんがダンベル会の仲間に呼びかけると，すぐに12人のメンバーが集まりました。"生かされた〜，生かされた〜"と12人で抱き合い，お互いに生き

て再会できたことを涙を流して喜び合った」といいます。同じ体験をした仲間と苦しい心情を分かち合うことで少しだけ気持ちが楽になったメンバーは、「ダンベル体操を一緒にやる仲間と集まって、お互いを支え合っていくことが大事なんだ」と気づき、ダンベル会の復活が決まりました。

　SOSを発したKさんは、震災後、家族と一緒に隣町で避難生活をしていたのですが、昼間はご主人や息子さんがお仕事に出掛けてしまうため、家に1人で取り残されるという状況でした。「隣近所に知り合いはいないし、話し相手もいないから一日中じっと家でテレビを見ていた。寂しいし話し相手もいないしで、もう頭がおかしくなりそうだった」と当時を振り返ります。そんなときにダンベル会が復活し、再び仲間と一緒にダンベル体操を楽しむことができました。「震災直後にやっていてよかったと思ったのはダンベル。やっていなければO町しか知らない私に誰も声をかけてくれなかった」と語り、ダンベル体操が人とつながるための重要なツールになっていたと打ち明けます。「ダンベルが体にいいことはわかっていたので自分のためと思ってやっていたけど、震災後にダンベルを通じて人がつながっていくことを実感してつくづくありがたかった。人とつながることができなかったら、私はうつになっていたと思う。一緒に集まってダンベルをやることで、目に見えない何かが生まれるんです」。仲間と一緒に身体を動かすことの"力"を、Kさんは震災後のダンベル会を通じて体感したのだと思います。

　こうした話はKさんに限ったものではありません。80代半ばのTさんはひざを痛めて手術をし、ダンベル体操も椅子に座って行うことしかできませんが、「みんなとこの場にいるだけで楽しい。1人では抱えきれないつらい体験をお互いにわかり合える仲間がいるから、ここに来ると心から楽しむことができるんです」と言います。震災後、会長のYさんに声をかけられてメンバーに加わったAさんは、片道1時間ほどかけて車で例会に通っているのですが、「O町のつながりを感じられるのは、このダンベル会が一番。気心の知れた仲間と一緒だから続けられる。私にとってこのダンベル会は、ただ体を動かすだけの会ではない。私の居場所です」と、欠かさず参加しています。

## ダンベル体操を通じて O 町の人も元気に

　こうして心地よく過ごせる居場所を確保したメンバーは，自分たちが楽しむだけでなく，ダンベル体操を通じて少しずつ対外的な活動にも手を広げています。

　そのきっかけが，震災後まもなく始まった前述の鈴木玲子先生が企画した「運動教室」でした。鈴木先生のようなプロの指導者がいなくても，ボランティアで活動する運動リーダーが地域の人々の健康づくりを支援できるような仕組みをつくろうと，大学の復興支援事業の一環で 4 年間 O 町で開催されることになったのです。O 町ダンベル会のメンバーはこれに率先して参加することで運動リーダーとしての力をつけ，今では町内のあちこちで開催される一般住民対象の運動教室にボランティアリーダーとして派遣されるようになっています。震災直後の一番苦しいときに，ダンベル体操をやることで身体を動かす楽しさと仲間とつながる安心感を得た経験を，少しでも O 町の人と共有したいという思いが彼らを運動教室のリーダーに駆り立てているのだと思われます。

　また，2013年から O 町では「わくわく御達者交流会」という名前の地域交流会を，かつての体育の日（10月10日）に毎年開催しているのですが，ここでもダンベル会のメンバーが震災でバラバラになった地域の接着剤として活躍しています。

　当初，この交流会は鈴木先生が率いる NPO 法人が中心になって企画・運営したもので，交流会への参加を通じて避難生活で散り散りになったかつてのご近所さんや友人と 1 年に 1 度再会し，ダンベル体操や身体を使ったさまざまなゲームを一緒に楽しむことで，O 町の町民同士が旧交を温めつつ絆を再び直そうというもので，自治体のバックアップも得て町の人たちが楽しみにするイベントの 1 つでした。この交流会の企画・運営を，2016年の第 4 回からは「自分たちの町の復興は自分たちが主体となってやっていこう」と，ダンベル会のメンバーが引き受けることになったのです。これも，O 町ダンベル会が実践する新たな地域「共助」の 1 つではないかと思うのです。

　震災以前は健康づくりや介護予防を目的として始まった O 町ダンベル会で

すが,震災直後の厳しい日々をダンベル体操を通じて仲間同士が支え合う中で,一緒に身体を動かすことの意味や価値に1人1人が体験的に気づいていったのではないでしょうか。復興計画の遅れからやむを得ず町外に転居したメンバーが今は半数を占めていますが,O町ダンベル会としての彼らのアイデンティティーに変わりはありません。彼らの活動は地域における「共助」の主体というにはまだ小さなものですが,災害時にも機能する「共助」の主体を担うコミュニティを考えるうえで参考になる事例ではないかと思います。

(茂木 宏子)

# 都市×防災＝スポーツ

パネリスト：
　上林　功（追手門学院大学社会学部スポーツ文化学専攻　准教授）
　篠田大輔（株式会社シンク　代表取締役）
　阿部俊彦（立命館大学理工学部建築都市デザイン学科准教授）
　茂木宏子（筑波大学体育系研究員／フリーランスライター）
モデレーター：
　伊坂忠夫（学校法人立命館　副総長・スポーツ健康科学総合研究所　所長）
　　　　　　　　　　　　　　　　　　　　　　　　　　※肩書は開催時

■伊坂　ご紹介いただきました，伊坂です。

　では，ご登壇いただいた先生方と，いまからパネルディスカッションをさせていただきます。


## 人々を引きつける空間作り

■伊坂　では，まず上林先生にお話を聞きたいのですが。仙田先生との対談の中で，いろいろ，わくわくする場をどうつくっていくのかというところで，遊環構造のお話を聞かせていただきました。その中で，時間，空間，コミュニティ，方法という4つの軸が必要ということでした。空間は当然，単なる空間ではあかんという話ですし，そこにどんな方法を持ち込むのか。あるいはどんな時間をもたらすのか，あるいはどんな仲間とやるのか。そのように受け止めました。

　この点について，広島市民球場は，上林先生も参画されておつくりになったと聞いていますが，いろんな場所があって，毎回，球場にでかけて行っても楽しめるよね，というようなご発言があったかと思います。そして，大きなめまい空間というお話も非常に面白いと思いました。そういう大きなめまい空間を考えていくときに，いろんなことを考えないといけないと思うのですが，このあたり，もう少し分かりやすく，一般の方に伝わるようなかたちで，大きなめまい空間，遊環構造をご説明いただけますでしょうか。

■上林　ありがとうございます。われわれ，よく建築を設計しているときに，吹き抜けの空間を建物の中につくるケースがございます。この吹き抜け空間はいったい何

だろうと，よく議論になるんです。例えば，MIT，マサチューセッツ工科大学のMITメディアラボという有名な施設がありますが，そこも実は，いろんな企業の方々が世界中から集まって，研究者が集まって，いろんなアイデアがその中で生み出されるのですが，そこにも非常に大きな吹き抜けがあるのが有名です。

　実は，これは設計の一番最初に与えられていた条件だと言われています。必ず大きな吹き抜け空間をつくってくれと。そうすれば，そこでみんなの交流が生まれるからという話をおっしゃっているのです。

　例えば，ロラン・バルトという社会学者がいます。ロラン・バルトは東京のまちはすごく面白いんだとおっしゃっていて，理由は真ん中にシンボルがないと言うんです。いわゆる環状道路が何重にもなっていますが，真ん中の皇居と呼ばれる部分は森しかなくて，あそこにタワーが建っているわけでもなく，何もない。ドーナツのようだと言っているのです。

　実は，ドーナツのようだというか，真ん中に虚空といいますか，ボイドとよく建築ではいいますが，何かそこに実体があるものではなくて，虚空が存在しているというのが，実は空間を循環させる上でめちゃくちゃ重要な要素なのではないかなと思います。

　ただ，仙田先生はそれにめまいという概念を伝えています。たぶん，ただの虚空では駄目で，その中に引力がないといけない。そこに対して人々を引きつける魅力のようなものがないといけない。おそらくそれがスポーツなのではないかなと思います。先生が今日，対談の中で言っていた，お祭りの場合は，そこに何か盆踊りをやっているやぐらであったり，何かしらのコンテンツという言い方に言い換えてもいいかもしれません。

　そのときに，人々はおそらく，その周りでいろいろな動きをし始めて，その楽しみ方によって，いろんな，例えばマツダスタジアム（広島市民球場）を設計したときには，寝ソベリアという寝そべり席だとか，焼き肉ができるシートを付けたのですが，正直，年を経るごとに変わった席が増えているのです。これも，循環する中で楽しみ方の多様性みたいなものが生まれているのですが，徹頭徹尾，この13年間変わっていないのは，中心のコンテンツの引力と，そこによってぐるぐる回される循環の構造ということ自体はずっと変わっていないのかなと思います。

　まとめますと，おそらくめまい空間というのは，何か引力を持った空間で，ことスタジアム，アリーナに関しては，スポーツというのがその原動力になっているという言い方が言えるのではないかと思います。

■伊坂　非常にイメージできました。さすが，建築家の先生です。ありがとうござ

います。

## イベントを通して防災意識を高める

■**伊坂** 続いて，建築家の先生の阿部先生にお伺いします。先ほど仙田先生のビデオの中で，イベントというのは，極めて重要なもので，時間に重み付けをするのだというお話をいただきました。阿部先生のおつくりになった，ああいう防潮堤も，たぶん目的外の目的化の中で，日常使いされながら，そういう防潮堤の生かし方があると思います。その中にイベントごとみたいなものが入ってくると，普段使わない人も使ってきて，いわゆる防災の意識がより高まるなと思うのですが。そのあたりの仕掛けを，先生は何かされましたでしょうか。

■**阿部** 建築や都市空間を設計しているときにも，どういうイベントで使ってもらうのかということを考える必要があります。地方都市のまちづくりでは，人口減少によって人がいなくなってしまう中で，とにかく集客しなくてはいけないということもあって，365日とまでは言いませんけど，どんなイベントをするのかを考える必要があります。

　もともと，気仙沼の内湾地区は，港まつりの会場ですので，地域の皆さんにとっても大切な居場所です。お祭りは，8月15日だけなので，他の日にも，イベントを繰り返してやることによって，水辺や津波のことを知ってもらう機会を作っています。

　伊坂先生がおっしゃったように，本当は，ウォーターフロントの岸壁は危ない場所なんです。きちんとした手すりもつくられていないですし。それは，公園ではなく，あくまでも漁業のための場所だからです。でも，そのことをちゃんとイベントを通じて理解してもらい，「危ない場所ですよ」ということを子どもさんたちも知ってもらうということが大切ですね。

■**伊坂** ありがとうございます。

## 子どもたちが主体的になる防災スポーツ

■**伊坂** 篠田さんにお伺いします。防災スポーツ，非常に面白いですね。防リーグや防トレ，防災ウオーク。その中で日常化もしながら，一方でイベントもうまくやりながらというかたちで，まさに体験したことは忘れられないという，スポーツと一緒という話で，いろんな体験をさせていると思うのです。

　その中で，とりわけ子どもたちに向けても教育プログラムをされていると思うのです。子どもたちにこういう体験を通じて，単に防災意識だけではなくて，体を鍛えるとか，いろんな副次的なことも考えておられると思うのです。子どもたちを対象にし

て行うと，こんな化学反応が起こりやすいなというのがあれば，教えていただきたいのですが。

■**篠田**　子どもというのは，競い合ったり，ほかの子たちとの競争をやりたいと思う子どもたちが多かったりするので，自分たちでルールを決めたりして楽しんでいますね。新しいスポーツとしての取り組みになるので，子どもたちが同列に楽しめるという良さもあると思います。子どもたちの副次的な新しい楽しみ方というのは，学校の授業の場だったり，イベントの場で見ても，そういった様子が見られますね。

　あとはタイムアタック形式にしているので，自分の前の記録を乗り越えたいということがあるので，何度もチャレンジしようと意識が高まり，結果，タイムが上がることは体に身に付く（身体で覚える）ことにつながっていくので。そういうタイムを計るというスポーツ的要素も，子どもたちの動機付けにはつながっているのかなと思います。

　あと一点述べさせていただくと，子どもが楽しかったり，楽しんでいる様子を，お父さん，お母さんが見たりすると，それが大事なことだなと，お母さん，お父さんの行動が変わっていくというところも，それは子どもが楽しむことの効果なのかなという気がします。

■**伊坂**　ありがとうございます。そのタイムを競う中で，チームづくりも活発になると思いますが，その中で意見交換というのでしょうか，お互いが意見を出すことはどのようになっているでしょうか。なかなか，最近は意見を出しづらいというか，出てこないと聞きます。そういう中で，子どもたちがいろんな観点で，いろんな意見を出しているという実感はいかがでしょうか。

■**篠田**　本当にそうですね。まさに，そういったところで「サッカーをやりましょう」「野球をやりましょう」だと，どうしてもサッカーや野球をやっている子が中心になりがちですが，防災とスポーツという誰もがやったことがないレクリエーション競技になるので，皆が初体験というベースで取り組めるところがいいのかなと感じています。ただ単に「楽しみましょう」だけではなくて，事前に災害の背景や，学びの要素を伝えたりすると，じゃあ，どう役割分担をしようかと，例えば「自分は，ここは重いから，この部分を持つよ」とか，そういう作戦みたいなものは，子ども同士で起こるというのはありますかね。

■**伊坂**　まさに，ある意味，民主主義の教育の場面にもなっていると思っています。花内先生が冒頭に出された D の方のアソシエーション（p. 3，図序-1）という，そのへんの関係にもつながるのではないかと思って質問させてもらいました。

## 非日常になったときにものをいうのは……

■伊坂 茂木さん、ありがとうございます。被災のご経験、体験もありながら、その中で高齢者の皆さんがつながるという喜びをまざまざと教えていただきました。体づくりも非常に大事なんだけれども、むしろ、お互い同士がコミュニケーションする、コミュニティになるという重要さをお話しいただいたと思います。そのときの言い出しっぺになられた会長さん、どんな方なんですかね。

■茂木 何でも思ったことをぱんぱん言うタイプの方ですね。でも、地域の女性のことをよく知っていて、「あの人はこの間お母さんが亡くなったから1人で寂しいだろうから、ちょっとダンベル会に誘ってみようとか」と言って、その人の状況に応じて声を掛けるタイミングを計っていたりとか。彼女に対する信頼で、みんなついていく状態なんですね。キーマンがいて、その人が中心になってやっているんだと言われてしまうと、「じゃあやっぱり人じゃないか」となってしまうと、ちょっと私の目的とは違ってしまうんですけど。

　でも、やっぱり、ほかの先生方のお話でも出てきましたけれども、非日常と日常がつながっているということを、要は非日常に効果的な活動というのは、日常から、普段からやっていることの延長にあるんだというのを、彼女たちの活動を見ているとすごく感じるんですね。

　被災後に新しく加わってきたメンバーもいるんですけど、やっぱり前から一緒にやっていた友達が、いつもと変わらずやっているということの中に入ってきている。その日常がどうかというのが、非日常のときにものを言うんだなというのを彼女たちの活動を見ていてすごく思うところです。

■伊坂 ありがとうございます。非常に面白い話です。震災前からされていた仲間づくりは当然あって、それが日常だったのが、震災によりいったん、非日常に放り込まれるんだけど、日常と非日常というのは二項対立ではなくていわゆる連続体のようになっているんだというお話を伺いました。

　その連続体の中で、新しいメンバーが来ることも、当然、非日常に最初はなるんだけれども、日常化していくというお話。本当に貴重なお話をいただきまして、ありがとうございます。

　何よりも、そういう世話焼きというと怒られますけど、おせっかいな世話焼きの人はやっぱり必要なんやと思いましたので、私も負けずにそのようにしたいと思っております。

## 遊環構造を持つ安心基地

■伊坂　もう一遍戻りまして。上林先生，先ほどのお話の中で，いまの話とつながるのですが，日常と非日常の中で，遊環構造というのは当然，非日常的な楽しみもありながら，日常の技を競いながら，先ほど仙田先生のお話だと，社会化していく，コミュニティづくりにつながっていくという話があったと思います。

　このあたり，施設のつくり方の中で，日常，非日常はどう考えたらいいですかね。

■上林　建物のつくり方1つ取ったときに，非日常があるがために崩壊していくといいますか，荒廃していくような例もあったりします。ちょうど仙田先生の基調講演の中で滑り台の例が出ていました。もともとが，機能的な，滑る機能を持っているものが，より遊びの進化を経て，子どもたちの遊びの核になっていくというところなんですけれども。

　実は，あれは強固な滑り台という遊び方が，循環構造を持っている中で，何かこう，閉塞しないと言いますか，閉じてしまわない。なおかつ，その行動を促すための循環を持っているというような。おそらく，それが仙田先生の言うところの遊環構造の話だと思うのですけれども。実は，遊環構造は非常に多くのカオスな状態を受け入れつつも，絶対に崩れない構造なんですよね。

　私，あのときの例えで，いわゆるめまい遊びに「高い高い」というのがあるんですけれども，これは絶対的な親の安心感があるからこそ，子どもたちは安心してそこのめまいを楽しむことをできるというのがあるのです。実は，思いのほか，建物自体，空間自体はがっちりしている。がっちりしているんだけれども，カオスを受け入れるみたいな，そこのバランスが非常に難しいのかなと思います。

■伊坂　ありがとうございます。いわゆる安心基地であると。言うたら，間違いなく安全・安心は担保された上でめまいを起こせるようなものであると，そういうことですね。

■上林　おっしゃるとおりです。

## 防災インフラをワクワク施設にする住民と行政の協働

■伊坂　阿部先生，いまの話で安全基地であるんだと。防潮堤はまさに，安全・安心のためにつくられた安心基地でありながら，使い方の目的外使用を目的にしていくとお話しされたと思うのです。

　その中でわくわく感をどう担保し続けられるか。いわゆる，めまいを起こせるような仕掛けの連続体といいましょうか，それをどう担保していくかというのは，空間づくり，プレイスメイキングとしてはいかがなものでしょうか。

■阿部　ワクワク感を担保するための手法としては，いろんなアイデアを出して，それも住民の皆さんと考えるということが大切です。堤防のような防災施設をつくっている人は，お役人さんです。彼らとしては，津波からまちを守るためのコンクリートの壁しか必要ないわけです。予算も，そのための予算しかないわけで。芝生広場をつくってとか，デッキをつくってというのは，目的外ですし，予算もないわけです。そのような考え方のズレを，どのように埋めていくかを考えることが私の役割でした。

　行政の担当のかたとも議論をして，住民の皆さんとイメージを共有できれば，防潮堤が観客席に使われていても，心意気のある行政職員さんは，見て見ぬふりをしてくれるはずです。

　そういう防災施設に，いろんなワクワクを入れ込んで，イベントをやり続けることはできるはずです。上林先生の話を聞いていて思ったことがあります。それは，気仙沼の内湾でわくわくするアクティビティが生まれているのは，内湾が気仙沼の中心の場所で，気仙沼の象徴であり，ここが復興しなければ気仙沼の復興はならず，という一番の場所であることが揺るがないということにある気がしました。防災上の安心というよりは，ここが中心なんだという精神的な安心感が重要なのかもしれません。

■伊坂　いわゆる虚空の空間，それが非常に風光明媚なところで広がっていると。その引力があるが故に，周りのところはいかようにもわくわくするものに変容していくというお話だと思います。

### ■ 一体感の体験がつながりの強さを生む

■伊坂　茂木さん，共助というお話をされて，共助の主体たるものは住民同士なんだという話。その中で先ほどのように日常・非日常の連続体の中でコミュニティがつくり上がっていくと。そうなったときに，共助のできる皆さんの力強さというのは，つながりの強さだと思うのですけれども，このつながりの強さは，こういうところに見られるな，というのはどこに現れるのでしょうか。先ほどいろんな方のメッセージがあったと思いますが，この辺がやっぱり実感として，つながりの強さはここに出てくるぞみたいなものがあれば，教えていただきたいのですが。

■茂木　ダンベル体操を指導している専門家の先生が，最初に私が出会ったときに言っていたのですが，「同一姿勢，同一呼吸は一体感を生む最大のものなんだ」とおっしゃっていたんですよ。

　それはどういうことかというと，ラジオ体操で「1，2，3，4」とやるのと同じだと思うのですが，ダンベル体操もダンベルをこうやって握りながら，「1，2」とか，呼吸を合わせてみんなでダンベルをやっていくんですね。同じポーズを取りなが

ら，呼吸を合わせてみんなで体操をしていく。その一体感の体験みたいなものが，つながりの強さにつながっているんじゃないかと私は思うんですよね。

　単にみんなが集まってお茶を飲んでわいわいやるだけではないつながりというのが，ダンベル体操を通じて体でみんなでそれを感じることにつながっていくんだと思うんですね。それが彼女たちのつながりの強さだと私は解釈していますけれど。

■伊坂　いまの，すてきな話ですね。同一姿勢，同一呼吸というので，同調する，あるいは動きも合わせ同調すること自体が強力な一体感を生むんだと。まさに，空気という，虚空を吸いながら，その中でまさに引力の中で，呼吸を合わせていくと，同化してきてコミュニティのつながりが強くなる。すてきな話をいただき，ありがとうございます。

　篠田さんのところでも，いまみたいに，みんなで協力してやるようなゲームなんかも，防災スポーツとしてあると思います。この防災スポーツはとりわけそれに向いているぞ，という防災スポーツの防リーグプログラムとしてお薦めの種目があればご紹介いただければと思います。

■篠田　家族や地域の人と協力し合いながら疑似体験できるものでいうと，ゴーゴーキャリーという，物資搬送リレーという種目があります。これは，避難生活を送ったときに，避難所というスペースも限られて，とはいえ，しばらくすると災害支援物資とか，いろんな形，大きさのものが届くので，それをどう効率的に，いわゆる限られたスペースに収められるかという立体パズルみたいなプログラムがあって。結構，それが子どもは一生懸命荷物を運ぼうとしているのだけれども，お父さん，お母さんに立体感覚がないと永遠に終わらないとか。それがコミュニケーションのきっかけとなって，家族なり，もちろん友達同士とか，地域の人とでもいいのですが，体を動かしながら，１つのゲーム性を持たせてやるということが，盛り上がるというか。コミュニケーションが促されるきっかけにはなっているのかなと思いますね。

■伊坂　ありがとうございます。先ほどの茂木さんの話ではないのですが，そのゲームをする前に同一姿勢，同一呼吸で，短時間やった上でやると，よりぐっと深まって一体感が出るように思ったりしますが，いかがですかね。ウオーミングアップされてみたらどうかなと思ったものですから。

■篠田　やっぱり，同一呼吸は目的を明確にする。最終形は決まってはいるので，最終形に向けてどう意思統一するかという，意思統一を事前に図れるとスムーズにいく部分はあるかもしれないので。そういったところは戦略，作戦というか，スポーツ的なところの要素も必要かなと思います。防リーグのプログラムで身近にある毛布を使った負傷者搬送体験「レスキュータイムアタック」というものがあるのですが，複

数の人と協力し負傷者を安全な場所に移動させる際，同一姿勢・同一呼吸という視点が重要になるなとお聞きして感じました。

■伊坂　ありがとうございます。

### スポーツを防災に生かす

■伊坂　まさに防災スポーツで，防災のことを学びながら，先ほどの話にあったようにチームビルディングを学んだり，一体感を学んだり，そういうふうにも，目的とは違うんだけれども，副次効果はたくさん得られるんだなと学ばせていただきました。ありがとうございます。

　そろそろお時間が迫ってまいりました。今日のパネルディスカッションを通じて，まさに空間や場所，居場所をどういうふうにつくっていくのか。それがわくわくするものでありながら，日常であれ，イベントごとの非日常であれ，そこに行くと何かができる。神社の境内のお話もありましたように，いろんな使い勝手があるものがあっていいんだよね，というところ。その中で最終的には人と人がどうつながるのかという話。そのコミュニティを大事にしていかないといけないのではないか。そのことが一番強い防災につながるのではないかと思いましたし，その大きな力としてスポーツが引力のように人々を引きつけるものになるんだろうと感じさせていただきました。

　本日ご登壇いただいた先生方，お忙しい中，本当にありがとうございます。Zoomの向こう側の皆さんとともに，大きな拍手で先生方に感謝とお礼を伝えたいと思います。ご参加頂いた皆さん，長時間どうもありがとうございました。

■複数　ありがとうございました。

■司会・丸　皆さま，ありがとうございました。最後に閉会のごあいさつを，引き続き，伊坂先生よりお願いいたします。

■伊坂　長時間にわたって，本日の「スポーツと都市」（都市×スポーツ＝防災）について多方面からご登壇いただいた先生方からお話をいただきました。

　また，パネルディスカッションを通じて，本日のテーマに対していろんな観点で議論して頂きました。議論を通して，スポーツというのが大きな力を添えてくれるのだということを，改めてお感じ頂けたのではないかと考えております。

　何よりも，いろんな先生方のお話の中で，居場所やつながり，これが決定的に大事なものであると。スポーツは必ず場所が要るものですから，空間，場所をすてきなわくわくする場所にしながら，あるいは大きなイベントの場所にも活用しながら，使えるものになるのではないかと思っています。

　ご存じの方が多いと思いますが，ハーバード大学の長期コホート，卒業生の追跡調

査の研究によりますと，やはり人の幸せというのは，人と人とのつながりが一番大きいのだということが示されております。われわれは人と人とのつながりを大事にしながら，あるいはそのきっかけをどう生み出していくのか。また，人と人とのつながりがしっかりした人は健康であるということのデータも示されております。

　今回のシンポジウムは2日間にわたって，都市とスポーツという観点で実施させてもらいました。，初日は，部活の観点から，本日は防災という観点からさせていただきました。ほかにも，スポーツと都市というテーマに対して，いろんな副次効果や主効果を生むようなものがあるかと思います。ぜひ，そのような観点で「スポーツ」を頭の中を巡らせていただければ幸いです。

　最後になりますが，スポーツ健康科学総合研究所としましては，このようなシンポジウムを今後も企画してまいりますので，われわれの活動にもご注目いただければと思います。

　長時間，皆さん，どうもありがとうございました。

（パネルディスカッション2終了）


## アフタートーク

参加者：

伊坂忠夫，花内誠，上林功，篠田大輔，阿部俊彦，茂木宏子，上田滋夢，丸朋子（司会）


■**花内**　ありがとうございます。皆さん，お疲れさまでございました。まったく事前打ち合わせもないまま無茶振りをさせていただいて，本当に申し訳なかったなと思いながらも，実に見事に皆さんがまとめていただいたので，すごいなと思いながら見ておりました。他人ごとのように言っていますけど本当に感謝しております。ありがとうございました。一言ずついただいているのでしたか。

■**伊坂**　はい。お願いしたいと思います。

■**花内**　はい。丸さん，進行してください。

■**司会・丸**　はい。では，前回はご登場いただいた順にお願いしたので，今回は最後の方からいきましょうか。では，伊坂先生よろしいですか。

■**伊坂**　はい。本当に楽しかったです。先生方のお話から普段聞けないような刺激をたくさん受けました。とりわけ阿部先生の「目的外の目的化」というのはなるほどなと思いながら。

それから，仙田先生がおっしゃった，創造性の話ですね。やっぱり，創造性は，わくわくするのと，集中とワンダリングなんだと。だから，うろうろするというのは大事なことだよなと納得しました。私も時々うろうろした方がいいなと思っております。歩くことの習慣化ということも，たぶんそういうことの１つですね。それと滑り台の遊環構造の話も興味深く聞きました。滑り台は土台が，がちっと安定しているんだけど，やり方はいくらでも自由に柔軟に発想できる構造であるというお話し。だから，子どもたちの創造性や身体を育むのに遊びは非常に重要なんだと。

　こどもの遊び場，とりわけ遊環構造になった遊び場は重要で，横の住民がうるさいから公園つぶしてしまえみたいなことが起こる，またそのような発想になる日本は大丈夫ですかねと思いたくなります。ぜひ，われわれとしては，花内さんが紹介された『世界史の構造』(p. 3，図序-１) のＣ資本からＤアソシエーションへ行くには，やっぱりスポーツの力，あるいはそこに関わる皆さんの力を活用させていただきたい，と思っております。ありがとうございました。

■司会・丸　ありがとうございます。では，続いて茂木さま。お願いいたします。

■茂木　はい。皆さん，ありがとうございました。私自身も非常に勉強になりました。ダンベル会の人たちのつながりをどういうふうに言葉として説明しようかなと思っていたのですが，「安心基地」という言葉を聞いて，なるほどとすごく興味を持ちました。私も本を読んで勉強させていただき，ぜひ論文に生かしたいなと思いました。

　あと，１つだけちょっと言いたかったことがあって，スポーツが防災とか震災の復興とかに役立つって，それは確かに私も肯定したいことなんですけれども，スポーツって，使い方を誤ると他を排除する傾向が強いものでもあるので，そこの扱いというのは気を付けないといけないのではないかなと思っているところです。

　私なんかも学生時代に例えばバスケット部に入っていると，他の部に対しては，どっちかというと対抗的になりがちで，「私たちの部」みたいなもので囲ってしまう。自分たちの仲間以外を排他的に捉える傾向が強いので，どういうスポーツを実践していくのかというのは，よくよく考えた方がいいのかなとは思っているところです。ありがとうございました。

■司会・丸　ありがとうございます。では続いて阿部先生，お願いいたします。

■阿部　仙田先生の話を聞くのが何十年ぶりというぐらい，久しぶりで。失礼な言い方かもしれないですけれども，でも，おっしゃっていることは20年前と，あまり変わっていないというか，本当にぶれていないと感じました。社会の状況がいろいろ変わっている中でも，仙田先生がおっしゃっていることは，ずっと同じ。でも，常に新

しいことを言っているように聞こえる。次の時代にも通用することをおっしゃっているんだなということを感じました。

篠田さんにちょっとお聞きしたかったのは，津波避難タワーのことです。僕は花内さんに「今日，スポーツと防災の話をしてください」と言われて，まず，思いついたのが津波避難タワーを駆け上がって競争をすることを思いついてしまって。篠田さんに，そのような大会をしたいといったような依頼がないのかなと思って。数億円もかけて建設したあのタワーを防災にしか使っていないんです。掃除もしないで古くなってきているものもあります。避難訓練のときに，備蓄品とかはチェックはしているみたいですけれども。もっとあれって，うまく何か使えないかなと思うんですけれど，いかがでしょうか？

■篠田　そうですね，津波避難タワーを有効に活用するためにも，上に上がるトレーニングは日常的に必要だと思います。とはいえ，高齢だったり1人でできないという人たちもいるかもしれません。そういったときに一緒にサポートできる立場に地域の子どもがなり，地域の防災・減災につながるような活動の1つとして，スポーツ的な訓練はあるのではないでしょうか。

■阿部　ありがとうございます。それでは，機会があれば，津波避難タワーを昇る大会とかをやりたいですね。

■篠田　ご一緒できればと思います。お願いします。

■司会・丸　ありがとうございます。では，この流れで篠田さま。よろしいですか。お願いいたします。

■篠田　本日はありがとうございました。皆さまのように，研究というか，大学とは，まったく畑違いの立場から参加させていただいたので，本当に話として大丈夫だったかという不安はあるんですけれども，皆さんのお話を聞いていて，防災とかスポーツに対して俯瞰してというか，広い視野で考えられているところを本当に勉強させていただいたところもあったので，非常にいい機会でした。

ぜひ，また引き続きこういったご縁があればと思いますので，よろしくお願いします。ありがとうございました。

■司会・丸　ありがとうございます。では上林先生，お願いいたします。

■上林　はい。ありがとうございました。自分自身も刺激をいただいた次第でございます。先ほど阿部先生がおっしゃっていたように，仙田先生のお話は，僕も20年くらい前から聞いてはいて，やはり同じようなお話をされるのですが，印象的なのは，近年アップデートするように「大きなめまい空間」という言葉が出てきて，それをスタジアムに当てはめて今回もお話をうかがったんですが，実は図書館もそうなんだよ

ねとの話が出てきて驚いた次第です。

　建物の中の大きな室空間についてどのような役割を持っているのかについて仙田先生は幾つかの言葉の使い分けをされていて，例えば博物館の中心にあって全体を見渡せる空間のことを「目次空間」といったり，市庁舎の入口あたりにある大きなホールを指して「グレートホール」と呼んだりされています。図書館の大空間を「グレートホール」とおっしゃるときもありますけれども，何か全体を規則立ててくれるような，そういった空間が存在しているようです。

　今回の対談では「大きなめまい空間」という言葉が使われましたが，たぶん，また別の言葉でも表現されている空間機能かもしれません。本日の議論のなかで，MITのメディアラボに大きな吹き抜けがある話を伊坂先生ともさせていただきましたが，対談のなかにも出てきたスタジアムがもつ祈りの空間的性質や魔術的な特性と言いますか，まだ全然言語化できていない空間機能があると思っているんですね。スポーツの中でそれがどう作用しているのかというのは，引き続き研究していきたいなと思っています。

　本日はありがとうございました。

**■司会・丸**　ありがとうございました。では，花内先生。お願いいたします。

**■花内**　本当に今日はありがとうございました。冒頭に言いましたけれども，皆さんに振っただけで何の事前の調整もしないままできましたけれども，素晴らしいシンポジウムをしていただいたと感謝しています。上林先生は仙田先生のお話を非常にうまく引き出していただきましたし，阿部先生はさすが2回目になると，もう慣れているなと思いながら，私と伊坂先生の無茶振りに十二分に応えてくれたなと思っていて，本当に感謝しています。

　津波タワーについても僕も聞きながら同じことを思っていて，上ることを目的というよりも上って，上に行って何かをするというのが目的になっている方が，お年寄りにとってはいいのではないかなと思いました。

　篠田さん，ありがとうございます。廣井先生からのご指名でご登壇いただいたわけですが，非常にぴったりした話で，本来ならばリアルで防災スポーツをやって，皆さんに体験していただきたかったなと強く思いました。来年もしリアルでやる機会があったら，ぜひ，そのときにはご参加いただきたいと思っています。

　茂木さん，ありがとうございました。スポーツの排除性について考えるところは僕も非常に思っていて。ただ，これも私はまさに組織から，10月に会社を辞めて独りぼっちになったわけですけれども，「所属から接続に変わるんだ」と言われました。コミュニティに所属するのではなくて，コミュニティに必要に応じて接続しなさい。コネク

トしなさいというふうに教えてくれた人がいて，なるほどなと思ったのですね。

　どうしても，僕と伊坂先生は立命館の背景でしゃべっているのも何なんですけれども，いままで所属というかたちにすると，何々部，何々部というので所属になっていますけれども，今後はだんだんコミュニティに接続していく世の中になってくるのではないかなとも思っているので，それに対応するような行政だったり，レギュレーションであったり，組織側も変わっていく必要があるだろうというのを，強く今日も感じていました。ありがとうございます。伊坂先生，いつもどおり本当に無茶振りをしたままで，ありがとうございます。

　最後に上田先生，感想と，裏で一番悪巧みをしている人間として締めのお言葉をお願いいたします。

■上田　いやいや，上田でございます。皆さま，本当にお疲れさまでございました。今のお話しは，私の領域の中では「記号化」と言います。ボードリヤールという哲学者が「消費社会」と述べたように，人々は商品の価値ではなく，キーワードなどの記号化された価値に導かれていることの典型です。それを応用した広告代理店さんの得意技でありまして，社会記号化して人を型にはめて悪人にしていく手法を見事に使われたなと思います（笑）。私は決して悪人ではありませんので，お付き合いのほどよろしくお願いします。

　話を戻しますと，本日の仙田先生のお話は心から納得致しました。胸の中にあったモヤモヤが消えました。また，それぞれの先生からも色々なお話しを頂きました。本日の阿部先生からは「目的外使用の目的化」というお考えを頂き，スポーツがまさにこれだなと。本来的にスポーツは人々の営みにおいて，目的外に使用するものだったのですが，目的化を超えて目的になってしまった。学校体育におけるスポーツや運動部活動の問題は「目的外使用の目的化」だったのではないかと聞いておりました。

　私事ですが，海外でプレーや指導をするとストレスがなかったのを思い出しました。学校などでもこのような機会を頂きましたが，帰国するとよくわからないストレスが溜まっている自分に気が付いていたことも思い出しました。仙田先生，阿部先生によるご教示からほつれた糸が解けるかのように，私のトラウマが払拭されました。

　『ハリー・ポッター』のホグワーツ魔法学校のような校舎やクラブハウスにいると，そこに居座りたくなりますよね。中央に吹き抜けの空間があることなどは，まさに遊環構造なのではないかと思います。再来年（2024）に行われるパリ・オリンピック。パリという都市全体の中でパリ市庁舎なども競技に使うと聞いております。先程申し上げた居座りたくなるような空間や構造物が多くある都市でもあります。その中で，パリと言う都市空間がどのようなガバナンスをもたらしているか。また，ガバナンス

としてパリと言う都市空間はどのようにつくられてきたのか，現在つくられているのか。その中でスポーツやオリンピックという競技会は如何なる創造や調和をもたらすのか，などなど。次のシンポジウムに向けて色々なご示唆を頂きました。この場をお借り致しまして，皆様に御礼申し上げます。ありがとうございました。

■花内　最後に丸さんからも一言お願いします。丸さん。丸さんが話していませんから，それで終わりにしましょう。

■丸　私もよろしいんですか。ありがとうございます。本日は皆さま，本当にありがとうございました。去年の「2050年のスポーツ」から司会をさせていただいて，今日，仙田先生の日常使いのスポーツが非日常の転換期というお話を伺ったときに，去年の「2050年のスポーツ」ドイツのフェラインを思い出しました。

　なので，今年で3回目となるこのシンポジウム全体を通して，1，2，3回を貫く垂直の展開も，先週今週の水平の展開同様につながっているのだなという面白さと，ワクワク感を，改めて感じることができたというのが一点です。

　次に，「スポーツの力」とよく言っていますけれども，「防災スポーツ」って，私はこの発想がまったく思い浮かばなかったので，スポーツの可能性ってまだまだ拡がるんだな，自分の柔軟性や発想力がなくなってきているなと感じました。ぜひ一度体験させていただけたら嬉しいなと思います。

　最後に，こんなことを言うと花内先生に二度と口を利いていただけないかもしれないのですが……，花内先生の論文や著書を拝見すると，花内先生の大好きなワールドがこのシンポジウムを通じてずっと炸裂していらっしゃることを改めて実感しまして，なんて素敵な60代の過ごし方なんだろう，花内先生はめちゃくちゃ楽しんでいらっしゃるだろうなということを非常に感じながら。失礼なことを申し上げてすみません。なので，所属でなくて，自分が大好きと思うものに「接続する」60代を，私も迎えられたらいいなと感じた，今日一日でございました。ありがとうございました。以上です。花内先生，どうかこれからも口を利いてください。

■花内　ありがとうございます。常に妻から伊坂先生を見習うように言われているので，頑張っていきたいと思っております。

■伊坂　いや，茂木さんの話にあったように，お節介な人で，自分の好きなことばっかりやってはるけれども，ちょっと相手してあげようかという思いにさせられる，かわいいおっちゃん，おばちゃんってぎょうさんいてはるんで，私もそういうおっちゃんになりたいですね。花内さんはすでにそうなっておられるので，引き続きよろしくお願いします。

■花内　ありがとうございました。来年もこれぐらいしか楽しみがないので，丸さ

んに嫌がられても，来年も，再来年もやりたいと思っていますので。もう来年やるって，上田先生に言われていますので，頑張っていきたいなと思いますので，今後とも皆さん，よろしくお願いいたします。

（アフタートーク終了）

（2022年12月15日，オンラインにて開催）

【資料】

スポーツ健康科学総合研究所　シンポジウム

# 都市とスポーツ

Day 1

（2022年12月8日，オンラインにて開催）

---

【プログラム】

第一部・イントロダクション「今なぜ，都市とスポーツなのか」
　　ナビゲーター　花内　誠（立命館大学　客員教授／（一社）スポーツと都市協議
　　　会　理事）

■基調講演「都市とスポーツ」
　　小泉　秀樹（東京大学先端科学技術研究センター　教授）

第二部「都市×スポーツ＝部活動」

■「学校部活動と地域部活動の視点」
　　ナビゲーター　花内　誠

■「クラブ，部活動と地域」
　　神谷　拓（関西大学人間健康学部　教授／日本部活動学会　会長）

■「運動部活動の地域移行をめぐって」
　　友添　秀則（（公財）日本学校体育研究連合会　会長）

■「部活動の未来を拓く協力のテクノロジー」
　　長積　仁（立命館大学スポーツ健康科学部　教授）

第三部・パネルディスカッション
パネリスト：
　　小泉　秀樹，神谷　拓，友添　秀則，長積　仁
モデレーター：
　　伊坂　忠夫（学校法人立命館　副総長・スポーツ健康科学総合研究所　所長）

閉会挨拶
　　伊坂　忠夫

---

※　肩書は開催時

# 都市とスポーツ

Day 2

（2022年12月15日，オンラインにて開催）

---

## 【プログラム】

第一部・イントロダクション「都市×スポーツでみえてくるもの」
　ナビゲーター　花内　誠（立命館大学　客員教授／（一社）スポーツと都市協議
　　会　理事）

■基調講演・対談「都市・スポーツ・レジリエンス」
　仙田　満（東京工業大学　名誉教授）
　上林　功（追手門学院大学社会学部スポーツ文化学専攻　准教授）

第二部「都市×スポーツ＝防災」

■「実は重要なスポーツと防災の関係」
　ナビゲーター　花内　誠

■「防災スポーツ〜スポーツで災害に強くなる環境づくりを目指して」
　篠田　大輔（株式会社シンク　代表取締役）

■「防災インフラを活用した日常のアクティビティを誘発する場の
　デザイン」
　阿部　俊彦（立命館大学理工学部建築都市デザイン学科　准教授）

■「被災地×スポーツ＝ささえ合う力と心の復興」
　茂木　宏子（筑波大学体育系　研究員／フリーランスライター）

第三部・パネルディスカッション
パネリスト：
　上林　功，篠田　大輔，阿部　俊彦，茂木　宏子
モデレーター：
　伊坂　忠夫（学校法人立命館　副総長・スポーツ健康科学総合研究所　所長）

閉会挨拶
　伊坂　忠夫

---

※　肩書は開催時

# 論考：東京2020から再出発する都市と　　スポーツの未来

## はじめに

　オリンピック・パラリンピックは，「都市とスポーツ」を関連付ける世界最大のイベントである。サッカーのワールドカップなどは，「開催国」で行われるのに対し，オリンピック・パラリンピックは，「開催都市」で行われることが，特徴の１つである。

　このオリンピック・パラリンピックがコロナ禍の東京で行われたことを「都市とスポーツ」を論じる上で，きちんと論考する必要があるのではないか。

　「都市とスポーツ」シンポジウムが終了した後，2022年の夏から続いていた五輪汚職や五輪談合と言われる疑惑報道は熱を帯び，私の古巣である電通からも逮捕者が出た。一連の報道においては，スポーツビジネスに関しての断片的なコメントが行き交うだけで，スポーツビジネスと東京2020について，納得できる内容の報道には，未だに出会えずにいる。日本のスポーツビジネスに対する逆風は強まる一方，このまま，吹き付ける逆風に首を縮めているだけでなく，きちんとした論考をして，そこを起点に逆風に向き合うべきなのではないか。そう考えて東京2020についての論考を以下のように書き残しておくことにした。

## １．論考の目的

　コロナ禍中で行われた東京オリンピック・パラリンピックから２年が経とうとしている。

　新型コロナ禍による１年延期という異例な措置で行われた東京2020大会は，「そもそも今回のオリンピック，こういう状況の中で，一体，何のためにやるのか」（尾身茂新型コロナウイルス感染症対策分科会長）と言われる中で，反対意見を半ば押し切るような形で開催されたが，開催国である日本は，オリンピックで金メダル26個を含む57個のメダル，パラリンピックでも金メダル13個を含む51個という過去最高のメダルを獲得し，選手たちの躍動は，ステイホームで鬱屈した人々にテレビ画面を通して，

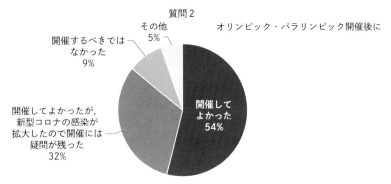

質問2　　　　オリンピック・パラリンピック開催後に

開催するべきでは
なかった
9%

その他
5%

開催してよかったが，
新型コロナの感染が
拡大したので開催には
疑問が残った
32%

開催して
よかった
54%

図付-1　オリンピック開催についての感想（大会終了直後）

出典：筆者作成。

感動を与えた。

　実際，大会終了後に，私が講師をしていた大学の授業で，学生たちにアンケートを
したところ，「開催してよかった」と答えた学生の数は54％と過半数を超え，「開催し
てよかったが，新型コロナの感染が拡大したので，開催には疑問が残った」と言う条
件付きの「開催してよかった」も32％も，含めれば「開催してよかった」と答えた学
生は86％に上った（図付-1）。

　国やメディアも大会直後は，「東京オリンピックはやってよかった」と総括しつつ
あったのではないかとも思う。しかし大会終了直後からコロナ感染者は，第5波，第
6波と爆発的な増加に転じ，その影響から経済の低迷が長引くと，大会1年後となる
2022年の夏に五輪汚職とその捜査過程で表面化した五輪談合の2つの疑惑が発生し，
世論は一変，長引くステイホームに鬱屈した社会のフラストレーションをぶつけるよ
うに2つの疑惑に向けて，厳しい批判の嵐が吹き付けることになった。

　2021年秋に開催したシンポジウム「2050年のスポーツ」の冒頭で，私は「スポーツ
への風向きが変わった，それに対応できる未来を考えておこう」とシンポジウムの主
旨を説明したが，その後，スポーツへの風は想像以上に早く強い逆風となった。逆風
をまともに受けた2030年冬季五輪の札幌招致は，強い反発にあって立ち止まらざるを
得ない状況にある。

　私は，2022年10月に定年退職するまで電通のスポーツ事業局に在籍した。東京2020
関連業務の担当をしておらず，今回の汚職や談合についても報道ではじめて知ったレ
ベルである。よく知る顔が報道されて驚き，内容を知って，自らの職を汚されたよう
に感じて強い憤りを感じた一方で，スポーツビジネスや電通をはじめとした広告代理

店についてメディアで語られる内容が，実態とはかけ離れて語られることに落胆した。

　メディアに「スポーツビジネスに詳しい専門家」として登場する方の展開する情報や論理は，私自身の憤りやフラストレーションの感情を増幅させてくれるが，スポーツビジネスに長らく関わっていた私から見ると首を傾げざるを得ない内容も多く混じっており，中には，スポーツビジネスの経験もない広告代理店の出身者や，偏った見立てを展開するジャーナリストが，勧善懲悪的なストーリーを裏付けもないままに，神聖なスポーツで金儲けするスポーツビジネスは汚い人たちの集まりであるかのような発言や，広告業界全体の体質の問題であるとするケースすら見受けられた。日本のスポーツビジネス，さらには，日本のスポーツ全体にとっての逆風を強めることになっているのではないかと危惧する。

　よって，本論考の目的は，スポーツビジネスの専門家の視点で東京2020と一連の報道を通し，スポーツビジネスや行政が都市とスポーツにおいてどのような役割や位置づけを持つのかを論考することで，今後の都市とスポーツの未来について示すことである。

　なので，本稿では五輪汚職や談合の問題の善悪について論じない。検察側の主張と弁護側の主張が対立するのは当然であり，その善悪は司法の場で明らかにされることを望む。私は事の経緯や真偽も知らないし，検察の主張が立証され，罪が明かになるのであれば，きちんと罪を償うのが当然だ。一方で，この機会に乗じて，スポーツビジネスについて，誤解を生む内容を流布している人々やメディアについても，強い憤りを感じている。

　検察側の主張を支持する人が本稿を読めば，悪人を擁護しているのか，と批判するかもしれないし，弁護側の主張を支持する人は，なぜはっきりと擁護しないのか，とこれまた批判するかもしれない。多分，本稿は，どちらの立場の人間からも歓迎されないだろう。

## 2．東京2020の問題を考える

　東京2020に関しては社会学などの論説は多いが，スポーツビジネス面での論説はほとんど見当たらない。ここでは，東京2020に関する問題をスポーツビジネス面から考える。ただし，私は東京2020の内部事情については知らないので，公開された情報を基に論考していく。

　アインシュタインは，「問題を解決するためには95％は問題を考え，残りの5％で解決策を考える」と語ったと伝わっている。正しい解決を導くためには，正しい問い

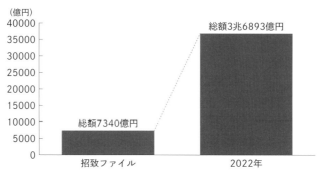

（億円）

図付-2　東京五輪大会経費・関連経費の総額比較
出典：2022年会計検査院報告を元に筆者グラフ化。

が必要であり，正しい問いのために，問題についてきちんと考えることが重要である。解決を急ぐあまり，誤った問いをたて，誤った解決策に飛びついてしまっては，問題は解決されないだけでなく，事態を悪くする可能性すらある。まずは，東京2020について，何が問題だったのか，を考えたい。

問1　招致ファイルの予算7340億円はなぜ最終的に3兆6000億円を超えたのか

最初の問いは，7340億円の予算が3兆6000億円に膨張したことである。

「"お茶汲み"する職員に1日20万円…五輪費用3.6兆円オーバーの"裏側"　組織委元職員が告白」（TBS【報道特集】2023年3月4日）が報道された。番組の冒頭で取り上げられたのは，招致ファイルで7340億円だった予算が最終的に3兆6000億円を超えたとする比較グラフである（図付-2）。

番組は，その原因についての報道となっているが，それについては後述することとして，まずは，なぜ，5倍にも予算は膨れ上がったのか。この最初の問いについて考えておきたい。

報道の元となっているのは2022年12月に会計検査院の出したオリンピックに関する報告である。それをもとに，招致ファイルの中身と比較してみた（図付-3）。

比較してみてわかることは

①　招致ファイルの予算には大会関連経費が含まれていない。

②　組織委員会の費用が3013億円から6404億円に3391億円増加している。

③　東京都及び国の大会経費が4327億円から1兆633億円に6306億円増加している。

図付-3　東京五輪大会経費・関連経費の内訳比較

出典：2022年会計検査院報告を元に筆者グラフ化。

などである。

　特に①については重要である。最初から違う対象を比較して，「こんなに増えている」という問題認識では，正しい問いではないし，正しい解決策は導くことが出来ない。図付-3でわかるように，7340億円と3兆6000億円を比較しては，増加の主原因は①大会関連経費と考えざるを得ない。大会関連経費は，都市のバリアフリー化やインバウンドの促進など，オリンピックを契機に進めた施策であるが，どこまでをオリンピック関連とするかは難しい，と会計検査院自体が報告している。もし，3兆6000億円との比較をするのであれば，この大会関連経費に無駄遣いはなかったのか，を追いかけて調査・検証するべきだろう。もし，それをやらないのであれば，①の問題をいかにも②，③の問題であるように視聴者に誤解を生じさせ，①についての検証から目を背けさせることになる。TBSは3兆6000億円と比較することで，「こんなに増えてる」「ひどいでしょ」という感情を増幅させたいのかもしれないが，理性を増幅させているとは言えない。【報道特集】は東京五輪をめぐる調査報道キャンペーンが第59回（2021年度）ギャラクシー賞報道活動部門優秀賞を受賞している番組であり，私も楽しみにしている視聴者の1人であるが，この問題の捉えかたと問いの立て方は残念としか言いようがない。影響力のある番組だけに，この報道を元ネタにした後追い報道も数多くみられたが，どれもキチンと調べればわかる内容を調べずに報道するものが多く，ジャーナリズムの姿勢も疑問を感ずる。

　1つ目の問題は，招致ファイルの予算7340億円はなぜ最終的に1兆7037億円に増加したのか，が正しい問いである。大会関連経費についての調査・検証はTBS【報道特集】をはじめとするジャーナリストの方々が，明かにしていただけることを望む。

　本稿では，大会関連経費は，直接スポーツに関連する施策として使われているもの

図付-4　東京2020大会の収入源と支出元

出典：2022年会計検査院報告を元に筆者グラフ化。

は少ないであろうと想定し，大会経費がなぜ増加したのかについての問いを立てることにする。招致ファイルの予算が大会経費を前提としたものであるなら，その比較として大会経費を比較するのが当然である。

　招致ファイルの予算金額はIOCから，あまり多くなりすぎると招致都市が無くなってしまうので，抑える方が望ましい旨，示唆があったとされ，過去のロンドン大会なども含めて大体似たような金額になっている。招致を成功させるためには招致ファイルでの予算を抑えるのは必要なのかもしれない。しかしながら税金が投入される以上，二枚舌的な欺瞞が許されるはずもない。きちんと税金の使い途は説明するべきである。

## 問2　東京2020に税金はいくら投入されたのか

　2022年12月の会計検査院の報告をみると東京2020にかかった費用とそのうち税金が投じられた割合は図付-4のとおりである。

　大会経費1兆7037億円のうち，1兆633億円に税金が投入され，6404億円は民間資金で賄われた。税金の割合は62.4％であり，民間資金の割合は37.6％である。

　組織委員会が発表した大会経費について，会計検査院は選手強化費も含めて大会経費とするべき，という判断を12月に下し，それを受けて各報道機関は，組織委員会が大会経費を低く見積もって過少申告したのではないか，という報道を一斉に行っていたが，招致ファイルの段階で，大会に向けて自国の選手の強化費を「大会経費」として見積もることは，大会以外では選手強化をしません，と世界のスポーツ界に宣言するようなものなので，当然大会経費からは外して考える。しかし，会計検査院としては，大会が終わればスポーツの選手強化を行わない前提で，選手強化を考えているの

で，選手強化費を大会経費と判断したのであろう。このように選手強化費１つとっても大会経費に対する判断基準が，IOCや組織委員会と会計検査院との間で違うので，当然，大会経費に関して異なる金額になる。この件について，議論もされずに，スポーツ界は，ただ吹き付ける逆風に首をすくめて，報道各社は一方的にバッシングしているのは異常な事態にも思える。事前の大会経費を少なめに見積もっていたのか，何を大会経費としてカウントするべきなのか，についてきちんとした議論が必要なはずである。

　また，図付-４を作ってあらためて驚いたのは，組織委員会には基本的に税金が投入されず，民間資金で賄われる構図になっていることである。談合を巡る報道の中で，「税金（公金）が投入される組織委員会」とされているものが多く，前述のTBSの報道特集でも，組織委員会元職員が同様の発言をしている。私の周囲の関係者にも確認してみたが，組織委員会は民間資金をベースにしている，という認識を持っている人間はごく少数であり，ほとんどの人間（私を含めて）は，組織委員会にも税金が投入されていた，と考えている。しかし，どうやらそれは誤認の可能性が高い。

　私は組織委員会には関わっていないので，公開されている情報をもとに本稿を書いている。ひょっとすると組織委員会の収入の「その他」703億円に税金が入っている可能性もあるが，それにしても組織委員会全体の11％にも満たない。

　確かに大会経費として約１兆円の税金が投入されている。よって，東京2020に税金が投入されていることは間違いない。しかし，大会前に小池都知事が「１兆，２兆，３兆と，お豆腐やでもあるまいし」と発言されたことを，大会経費と大会関連経費にきちんと分けて考えた上で，さらに大会経費を組織委員会と東京都と国が３分割していたことを認識すれば，組織委員会が１兆7037億円の大会経費すべてを差配していたわけでもなく，民間資金6404億円を組織委員会から支出し，東京都，国はそれぞれ大会経費を別に支出していることを認識し，前提としておく必要がある。

問３　招致ファイルで4000億円台だった税金は，いつ，どうして１兆円に増額されたのか

　2013年９月に招致が決定して３年後の2016年12月にバージョン１の大会予算が発表され，招致ファイルとの対比を含めて公表されている（図付-５）。

　予算はこの後，バージョン５まで検討されていくが，驚くことに2016年12月のバージョン１の時点で，2021年に実施された大会経費とほぼ同額の見通しが立っている。ということは，大会経費が招致ファイルから増額したのは，大会直前というより，2013年から2016年の間に既に増額しているとも言える。

| ■東京2020大会（立候補ファイル） | ハード（会場関係） | ソフト（大会関係） | 計 |
|---|---|---|---|
| 組織委（民間資金） | | 3,500 | 3,500 |
| 開催都市・国等 | 4,000 | 500 | 4,500 |

**計8,000億円**

| ■東京2020大会（V1予算） | ハード（会場関係） | ソフト（大会関係） | 計 |
|---|---|---|---|
| 組織委（民間資金） | | 5,000 | 5,000 |
| 開催都市・国等 | 5,900 | 4,100 | 10,000 予備費1,000～3,000 |

**計1.6～1.8兆円**

図付-5 立候補ファイルとの対比

参考：ロンドン大会の立候補ファイルと実際の経費を比較すると，「組織委」は3,000億円から6,000億円，
「開催都市・国等」は5,000億円（ソフト経費はゼロ）から1兆5,000億円（ソフト経費は7,700億
円），「合計」は8,000億円から2兆1,000億円となっている。
なお，「組織委」の実際の経費6,000億円には，政府から注入された公的資金2,000億円を含む。（1
£＝180JPY：2004年～2012年の平均）

出典：https：//www.2020games.metro.tokyo.lg.jp/special/docs/立候補ファイルとの対比について
の説明図.pdf

　それでは，どうして，予算が増えているのだろうか。組織委員会と東京都，国の役
割と予算分担からみてみたい。
　東京都オリンピック・パラリンピック調整部のHP内に，「東京2020大会の役割（経
費）分担に関する三者協議の経過について」平成29年（2017年）4月7日から5月21
日の間に5回開かれた三者協議の内容が公開されている。[1]
　5回とも東京都副知事，内閣官房副長官補，東京2020組織委員会事務総長による事
務的協議である。第2回には，東京都から組織委員会に「区分経理」による公費と民
間資金を明確に分離する旨が提案されている（図付-6）。
　第3回には，以下の「役割（経費）分担の基本的な考え方について【案】」が東京
都から資料提出されている。

◆　組織委員会
○　大会運営の主体として，万全な運営業務全般等の役割を担う。
①　最大限の増収努力を行い，6000億円程度の収入を目指す。
②　支出必須なものは計上するなど，経費全体の把握・精査を行うとともに，更なる
　　経費縮減を図る。
◆　東京都
○　開催都市としての責任を果たす。

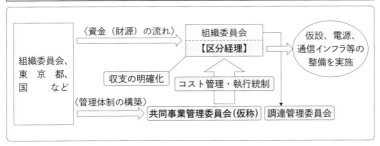

図付-6　区分経理，コスト管理・執行統制の強化について

出典：東京都オリンピック・パラリンピック調整部「東京2020大会の役割（経費）分担に関する三者協議の経過について」第2回資料。

① 組織委員会の万全な大会運営をバックアップするため，大会開催に必要な基盤・環境整備を担う。
　（例）　都及び都外自治体が所有する施設等における仮設インフラ等の整備費を分担
② 大会開催による都市・経済活動や都民生活への影響を最小化するよう，都市運営（マネジメント）を担う。
　（例）　都内会場周辺に関わる輸送及びセキュリティ対策に係る経費を分担
◆　競技会場が所在する自治体
○　大会の円滑な準備及び運営の実現に向け，大会が開催される自治体として，次の役割を担う。
① 都市・経済活動や市民生活が円滑になされるよう，都市運営（マネジメント）を担う。
② 大会後も当該地域や住民に使用される設備等については，施設改修の一環として整備を行う。
◆　国

○ 大会の円滑な準備及び運営の実現に向け，オールジャパンでの推進役として，次の役割を担う。

① 各府省に分掌されている，大会に関連して政府が講ずるべき施策を一体として確実に実行する。

② 組織委員会，東京都及び競技会場が所在する自治体と密接な連携を図り，オールジャパンでの取組を推進するために必要な協力・支援を行う。

　2016年12月のバージョン1予算から僅か5カ月後の2017年4月末には，組織委員会の民間資金収入予定は招致ファイル時の約3000億円からバージョン1の5000億円に，そして三者協議時には約6000億円に増加している。組織委員会は民間資金を収入としており予算が増えているのは，スポンサー収入などの民間資金の収入増大であり，税金が投下されているわけではない。もし大会経費が招致ファイル通りであれば，7340億円のうち約6000億円は民間資金で調達され，残り1340億円が税金から支出されて済み，予定されていた税金の投入額は3000億円ほど減る計算である。

　三者協議による役割分担をみると，税金の投下が増えたのは，東京都と国による大会経費支出分である。東京都と国による大会経費は，主に恒久的大会施設であり，国は新国立競技場，東京都は有明アリーナやアクアティクスセンターなどの施設整備が中心である。東京2020の大会経費に関する税負担が増えたことは，民間資金で賄われた組織委員会の支出増よりも東京都や国の支出増を調べないと真実は見えてこないだろう。

　本稿を書いている2023年3月現在では，報道各社は電通をはじめとした広告代理店による談合や汚職によって東京2020の総支出が膨らみ，税負担が増加したという論調で報道されているが，オリンピックの予算増を糺すのであれば，第一に招致ファイルに書かれていない「大会関連経費」約1.9兆円について，まず調べるべきであろう。次に，大会経費について，税金が投入されている「東京都」「国」の支出について調べるべきであろう。

　現在の「組織委員会の支出を民間（電通）が支配したので，総支出が増えた」とする論理は，組織委員会の支出が民間資金ではなく，税負担で行われていたという誤認からくる論理であり，電通などの五輪汚職，五輪談合と，税負担の増大とは分けて考えるべき別々の問題である。電通が談合する以前に，既に2016年12月の予算バージョン1で，大会経費は増大済みである。さらに組織委員会では「公費が投入される経費等については区分経理し，収支の明確化を図る」としているのであるから，談合が行われた運営費に「公費」がどれくらい投入されていたのか。区分経理が行われていた

のか，を考えると，民間資金での運営費を公費での施設整備費にあてはめて，すべて民間の談合の責任である，としてしまうと，時間軸にもあわないし，どこに公費が使用されているかもわからない。逆に東京都や国の大会経費の増大や，大会関連費用の増大がなぜ生じたのか，から目が逸らされてしまう。

　この論調では東京2020の税負担増について糺す目的をジャーナリズムが果たす事は難しいと言わざるを得ない。もちろん，汚職や談合については，きちんと明らかにする必要があるが，汚職や談合と，東京2020の税負担増とは別の問題であることを認識しておくべきである。

## 3．補助線としての柄谷行人『世界史の構造』

　さて，東京2020を私はどう位置づけるのか。これもシンポジウムで説明した柄谷行人の『世界史の構造』（2010，岩波書店）を補助線に用いることが最適であると考えた。

　東京2020は，このＢ「国家」からＣ「資本」へ移行する流れを加速させているネオリベラリズム＝アベノミクスの時代に行われたオリンピックであり，そこで起きた汚職や談合という疑惑も，Ｃ「資本」が行き過ぎて，豊かだが格差が拡がり，不平等な社会にいきつく流れの中で起きたのではないか，と考える。報道されている汚職や談合が仕方なかったという意味ではない。あくまでも，個人の行為を後押しする社会環境の持つ必然性である。

　柄谷行人の『世界史の構造』を補助線に，オリンピックを中心としたスポーツの歴史と比較し，その歴史的な流れの中で東京2020の位置づけを試みたい。

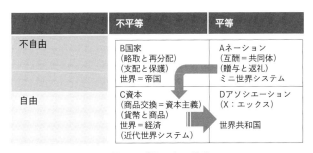

図付-7　『世界史の構造』

出典：柄谷行人の著書を基に筆者作成。

## 4.『世界史の構造』とオリンピックの歴史

『世界史の構造』をオリンピックの歴史にあてはめてみると，

 A 「ネーション」互酬（贈与と返礼）・不自由で平等，
  第 1 回アテネ大会（1896）から第10回ロサンゼルス大会（1932）
 B 「国家」略取と再分配（支配と保護）・不自由で不平等，
  第11回ベルリン大会（1936）から第22回モスクワ大会（1980）
 C 「資本」商品交換（貨幣と商品）・自由で不平等，
  第23回ロサンゼルス大会（1984）から第32回東京大会（2021）
 D 「X」X・自由で平等
  これからのオリンピック・スポーツが目指すべき大会

が成立しそうである。

　第 1 回から10回の大会を A「ネーション」としたが，正確には A「ネーション」から B「国家」への流れの中で大会が行われたと考えた方が良さそうだ。オリンピックの創設者であるクーベルタンは，国家による干渉を嫌い，まさにスポーツによる世界共和国，スポーツネーションを思い描いていたのかもしれないが，世界史の流れがまさに A「ネーション」から B「国家」へと流れている中で，スポーツも国家からの干渉を避けられず，またネーションとしての互酬よりも国家として略取と再分配の方が効率的であり，オリンピックの大会運営も，同様に互酬による大会運営ではなく，国家による大会運営になって，時代の流れの中に組み込まれていく。それが決定的になったのが，「ヒトラーのオリンピック」と呼ばれるベルリン大会（1936）であり，B「国家」によるオリンピック大会が確立する。第二次大戦後も B「国家」の社会構造体は変わらずに第22回モスクワ大会まで B「国家」によるオリンピックが続いた。第18回東京大会（1964）は B「国家」の時代の代表的な大会の 1 つでもある。しかしながら，ミュンヘン大会（1972）でのテロ，モントリオール大会（1976）の大赤字，モスクワ大会（1980）の西側諸国のボイコットと問題が立て続き，B「国家」のオリンピックは存続の危機に立たされる。これも，柄谷が指摘するように「国家」による略取と再分配よりも，「資本」による商品交換の方が効率的であるので，第23回ロサンゼルス大会（1984）にピーター・ユベロスが B「国家」や「自治体」の予算を使わないオリンピックマーケティングによる「民間」オリンピックを実現させたことで，B「国家」の時代から C「資本」の時代に移行がはじまる。もちろん，一度に C「資本」が B「国

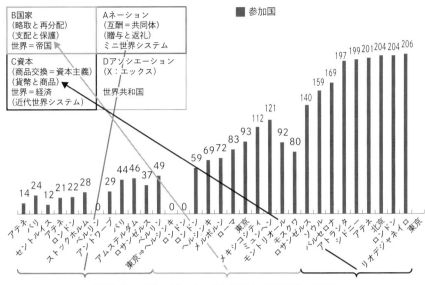

図付-8　オリンピックの参加国数と『世界史の構造』

出典：筆者作成。

家」に取って代わった訳ではなく，開催国の状況に応じて，Ｂ「国家」のまま行われた大会もあったし，Ｃ「資本」をうまく導入した大会もあった，と考えた方が良いだろう。そういう意味で，今回の第32回東京大会（2021）はＢ「国家」からＣ「資本」へ移行する時代の大会であったと認識しておくことは重要である（図付-8）。

　一部の人たちは，オリンピックの理念からクーベルタンが創設した当初のＡ「ネーション」時代の理想を掲げて，Ｂ「国家」やＣ「資本」の時代を嘆くが，それは社会構造体自体が変動しているので，オリンピックやスポーツが社会から離れて存在することは難しい。あくまでも理想を目指しながら，現実がＢ「国家」からＣ「資本」へ移行していることを認識し，その上でどうやって次のＤ「Ｘ」へ進むのかを模索するべきである。クーベルタンも，Ａ「ネーション」の時代にＤ「Ｘ」の理想を持ちながら，現実的には1936年のベルリン大会で，オリンピックがナチスによるＢ「国家」によって隆盛することを許している。Ａ「ネーション」による互酬のやり方では限界があり，Ｂ「国家」に移行をすることをクーベルタンも認めたのではないだろうか。もちろん，彼は「生まれ変わったら，自分が作ったオリンピックを壊す方に回る」とも言っており，それは，決してＢ「国家」をゴールとしていたのではなく，あくまでもＤ「Ｘ」を目指していたのだとも考えているが，一足飛びに理想には到達できないこ

とを理解して現実的に進めたのだと私は考察している。

　オリンピックの歴史に，『世界史の構造』の補助線を引けば，「商業主義」を導入したと日本では批判される第23回ロサンゼルス大会（1984）は，B「国家」による運営の行き詰まりをC「資本」に移行していく社会構造体の歴史的な転換点で必然的に起こった事柄として捉えることができる。多くの日本人が誤解しているオリンピックの「商業化」やIOCの「商業主義」は，このB「国家」からC「資本」に移行する流れの転換に対応していることであり，理念の実現であるD「X」へ向けてどうするのかは，世界中の国や人々が未だ明確な方策を探している最中である。気をつけなければいけないのは，C「資本」による運営を批判するあまり，B「国家」による運営に逆戻りする愚は避けなければならない。

　The Palgrave Handbook of OLYMIC STUDIES には，"A Gold Medal for the Market：The 1984 Los Angeles Olympics, the Regan Era, and Politics of Neoliberalism"（Rick Gruneau and Robert Neubauer, Simon Fraser University, Canada）と題する論文が掲載されている。第23回ロサンゼルス大会（1984）を，当時のアメリカ大統領だったロナルド・レーガンが民間活力導入政策「レーガノミクス」の例として，利用していたとする内容である。

　B「国家」からC「資本」への流れを推進する新自由主義（ネオリベラリズム）では，それまで「国家」が担ってきた行政サービスを民間の資本を導入する官民連携，PFI，指定管理者制度などの施策が行われる。日本でも国鉄や郵政の民営化をはじめ，指定管理者制度やPFI，Park-PFIなど様々な施策が推進されてきた。スポーツでも前述のロサンゼルスオリンピックの「商業化」は，「国家」で持て余したオリンピックを「資本」の力で再生させたと考えられる。日本のスポーツ界でも，1990年代に「プロ化」したJリーグは，行政からみると，B「国家」で限界に達した地方のスポーツ環境を，「あなたのまちに緑の芝生を」「学校のグラウンドを緑の芝生に」と「資本」の力で改善する動きと捉えることもできる。

## 5．東京2020の論考『ネオリベラリズム五輪の限界』

　I　東京2020大会は，B「国家」からC「資本」へ移行する流れの中で，移行を推進するネオリベラリズム的政策＝アベノミクスを背景に行われた大会であった。それは，B「国家」からC「資本」へ移行する流れを明確にした第23回ロサンゼルス大会（1984）がレーガノミクスとセットで語られるように，第32回東京大会（2021）は，アベノミクスとセットで，汚職や談合などの問題が，B「国家」からC「資本」へ移

（単位　億円）

| 項　　目 | 収　　入 |
|---|---|
| IOC 負担金 | 868 |
| TOP スポンサー | 569 |
| 国内スポンサー | 3,761 |
| ライセンシング | 144 |
| チケット売上 | 4 |
| その他 | 559 |
| 延期に伴う保険金 | 500 |
| 収　入　計 | 6,404 |

| 項　　目 | | 支　　出 |
|---|---|---|
| 会場関係 | | 1,955 |
| | 仮設等 | 1,043 |
| | エネルギーインフラ | 162 |
| | テクノロジー | 750 |
| 大会関係 | | 4,449 |
| | 輸送 | 347 |
| | セキュリティ | 263 |
| | オペレーション | 1,576 |
| | 管理・広報 | 767 |
| | マーケティング | 1,299 |
| | その他 | 196 |
| 支　出　計 | | 6,404 |

出典：東京都オリンピック・パラリンピック調整部 HP（https：//www.2020games.metro.tokyo.lg.jp/about/johokokai/keihi/houkoku/index.html）。

行するネオリベラリズム政策にも限界がくることを明らかにした大会となったと考える。

　これが，『世界史の構造』を補助線とした東京2020の論考の第１項である。

　2　東京2020大会は，B「国家」からC「資本」へ移行する流れの中で，B「国家」とC「資本」の連携・協力・協業のもとで行われるべき大会だった。すでに第23回ロサンゼルス大会とレーガノミクスのセットがあったように，第32回東京大会はアベノミクスとセットで実施されるべき大会だったが，B「国家」とC「資本」の連携・協力・協業が不完全で，結果的には機能しきれなかった。

　これが２つめの論考である。

　汚職・談合の報道の中で，「税金が投入される公益財団法人は，国や地方自治体と同様の」という表現が繰り返された。

　しかし，東京都オリンピック・パラリンピック調整部 HP の大会経費の最終報告に，2022年６月21日に開催された組織委員会第50回理事会において承認された大会経費の最終報告が掲載されている（表付-1）。

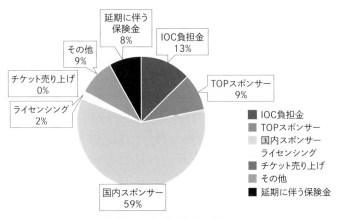

図付-9　組織委員会の収入

出典：組織委員会ホームページから筆者作成。

　組織委員会には基本的に税金は投入されていない。

　表付-1の数字を円グラフにしてみると，組織委員会の収入の大部分は，国内スポンサーからの収入であり，IOCの負担金やIOCのスポンサープログラムであるTOPスポンサー，ライセンシング，チケット売り上げなどで全体の8割以上を占めている（図付-9）。

　組織委員会の収入はB「国家」ではなく，C「資本」で成立していることがわかる。

　この組織委員会の収入は同額の6404億円の支出を計上して収支均衡となっている。支出は会場関係（主に仮設会場費）で1955億円，大会関係費用で4449億円となっている。

　では，税金は，どこに投入されているのか。第1節で記したように組織委員会以外の大会経費として，主に恒久施設整備費用が計上される。東京都が5965億円（有明アリーナほか），国が4668億円（新国立競技場ほか）である。

　他に大会関連経費として，都市のバリアフリー化や観光インバウンドの促進などの様々な行政施策費用が，大会とは別に大会関連経費として計上される。東京都が6854億円，国は1兆3004億円となっている。

　オリンピック・パラリンピックに税金は投入されたが，組織委員会に税金が投入されたわけではない。ただし，組織委員会の上層部は国や都＝B「国家」からの出向者が占め，現場をC「資本」が支える組織になっている。上層部は組織委員会とは別に国や東京都から支出される大会経費や大会関連経費との連携を背景にC「資本」で集

めた資金を大会経費として支出する。

　つまり，第32回東京大会（2021）の組織委員会は，C「資本」で得た収入をB「国家」の手法で支出する組織だった，と言える。多くの日本人が，スポーツビジネスに対する誤解の1つとして，B「国家」の時代で成功した第18回東京大会（1964）の印象から，いまだにオリンピックはすべてB「国家」として開催されるという先入観を持っている。しかし，前述のように第23回ロサンゼルス大会（1984）を契機にC「資本」へと移行する世界的な流れの中にある。東京2020は，B「国家」とC「資本」の連携・協力・協業に失敗し，汚職や談合を生じることになる。原因は，C「資本」による貪欲な利益追求があったことがあげられるが，同時に，B「国家」がC「資本」との連携・協力・協業体制を組み切れなかったことにもある，とあえて指摘しておく。

　例えば，五輪談合については，運営について組織委員会次長が「円滑に行うため，実績のある企業と随意契約行いたい」と進言したことに対して，組織委員会内部の有識者委員会が，「公金での発注だから，説明できる競合入札に」と発注方法を決定した，と報道されている。

　以下に談合が行われたとされるテスト大会の競合入札結果を公表されているHPから拾って一覧表にした（表付-2）。

　確かに電通の入札金額は，サッカーやバスケットボールなどのスポンサー収入が見込まれるテスト大会を500万円台という格安で入札している。また組織委員会次長が心配したように，国技館には入札者がなく，テスト大会の実施について懸念があることもわかる。

　これについて，競合入札に至る以前の状況については，2023年2月19日の読売新聞オンラインの記事によると

> 「関係者によると，組織委は2017年初め以降，国際オリンピック委員会（IOC）に加え，競技運営に関わる国際競技連盟（IF）からも「テスト大会を実施できるのか」という懸念を示された。これを受け，組織委上層部は同年3月頃，IFへの対応などを電通に依頼。電通はスポンサー募集業務などを担うマーケティング専任代理店だったが，競技運営面でも組織委をサポートすることになった。
>
> 　これとは別に，大会のコスト抑制も求められていた組織委は同年7月，電通にスポンサー募集の手数料を減らすよう要請した。電通はこれを拒否して自社の利益は守りつつ，競技運営面で経費を抑える案を提示。具体的には，効率的な運営に実績がある企業へと割り振る方針を示し，組織委も了承したという。」

ということである。

表付- 2 テスト会場入札結果（発表順）

| ベニュー | 担当業者 | 落札金額 |
|---|---|---|
| 東京国際フォーラム | 株式会社東急エージェンシー | 19,390,536 |
| 幕張メッセ | 株式会社アサツーディ・ケイ | 28,900,800 |
| オリンピックアクアティクスセンター・東京辰巳国際水泳場 | 株式会社セイムトゥー | 58,500,000 |
| 青海アーバンスポーツ会場・有明 BMX コース | 株式会社電通 | 59,698,560 |
| さいたまスーパーアリーナ | 株式会社電通 | 5,025,240 |
| サッカー会場 | 株式会社電通 | 5,025,240 |
| 陸上自衛隊朝霞訓練場 | 株式会社セレスポ | 14,850,000 |
| 馬事公苑，海の森クロスカントリーコース | 株式会社アサツーディ・ケイ | 29,160,000 |
| 新国立競技場，東京体育館 | 株式会社セレスポ | 22,128,120 |
| 国立代々木競技場 | 株式会社セレスポ | 31,135,933 |
| 有明体操競技場 | 株式会社アサツーディ・ケイ | 45,792,000 |
| 有明アリーナ | FCC・セレスポ共同企業体 | 12,960,000 |
| 海の森水上競技場, カヌー・スラローム会場 | 株式会社セレスポ | 30,798,360 |
| 釣ヶ崎海岸サーフィン会場 | 株式会社電通ライブ | 10,886,400 |
| 江の島ヨットハーバー | 株式会社大広 | 4,104,000 |
| 伊豆ベロドローム, 伊豆マウンテンバイクコース | 株式会社博報堂 | 28,069,200 |
| 日本武道館 | 株式会社フジクリエイティブコーポレーション | 26,676,000 |
| 国技館 | 無し | ※ |
| 潮風公園 | 株式会社フジクリエイティブコーポレーション | 12,960,000 |
| 東京スタジアム, 武蔵野の森総合スポーツプラザ | 株式会社東急エージェンシー | 34,659,910 |
| 有明テニスの森 | 株式会社東急エージェンシー | 10,645,668 |
| 大井ホッケー競技場 | 株式会社博報堂 | 12,420,000 |
| アーチェリー会場（夢の島公園） | 株式会社セレスポ | 16,988,400 |
| 霞ヶ関カンツリー倶楽部 | 株式会社電通 | 5,025,240 |
| 野球・ソフトボール会場 | 株式会社電通 | 5,025,240 |
| お台場海浜公園 | 株式会社セイムトゥー | 6,900,000 |

※「今後の発注予定・調達方式については検討中」となっている。
出典：組織委員会ホームページから筆者作成。


この記事のこの部分だけで，引っ掛かる点がいくつかある。

イ　IF から懸念を示されていた　→　B「国家」で運営できたのか？
ロ　手数料を減らすように要請　→　R「国家」はC「資本」との契約を後から変更要請することが可能なのか？
ハ　経費を減らす案を提示。了承。　→　B「国家」はC「資本」が提示する経費を減らす案を判断可能なのか？

これは，談合として問題になる以前の段階での疑問である。

繰り返しておくが，競合入札による事業者選定方式が決定して以後の談合に該当するであろう問題の罪の在処や有無は司法に任せる。

　しかし，それ以前については，司法とは別に，C「資本」がスポーツビジネスと関わる際に起きる問題であり，これは司法の場で裁くことでは無い（正確にはロはどうかとも思う）。

　この記事にも書かれているが，「組織委には入札参加資格の策定や仕様書の作成方法を理解した人材がおらず，」という状態であった，イやハをどう判断していたのか。

　そして，今後はB「国家」はこうした大規模スポーツイベントにおけるイやハについて，C「資本」を頼らずに実行することは可能なのか。可能でなければ，また同じことが起きるかもしれず，起きないにしても，C「資本」はロのリスクも含めてB「国家」とのビジネスはリスクのあるビジネスである，と認識して臨むことになる。

　これまでスポーツビジネスについては，建設・土木業界とは異なり，B「国家」とのビジネスに不慣れな点が多かったといえる。

　スポーツビジネス関係者として，記事を読んでいて悲しいのは，この談合以前については，報道では，何のひっかかりもなく，スルーされていることである。

　イ，ロ，ハのような大規模スポーツ大会でB「国家」とC「資本」が協業する際に生じる問題が解決されない限り，日本における「官民連携」での大規模スポーツイベントを開くのは，今後難しくなり，日本のスポーツ界にとって大きなマイナスになるだろう。

　検察や，「どうせオリンピックで悪いことやっているんだろう」という論調では，この「随意契約で」という主張は，なんらかの利益誘導のために行われて，組織委員会にとって損害を与えるものである，という前提（性悪説といってもいいかもしれない）に立つ。

　一方で，五輪という失敗の許されない大会で，円滑な運営を行うためには，各競技団体との実績があり，ノウハウを持った業者にやってもらった方がいい，という主張も，現場を経験してきた身からすると頷ける（性善説といってもいい）。

　B「国家」の手法である入札をとるのか，C「資本」の手法である「調整」をとるのか。ここが「分岐点」だったのだ，と個人的には推測する。問題となっている『一覧表』は，随意契約前提であれば，「調整」のために必要だし，競合入札前提であれば，「談合」となる。

　先にも述べた様に事件については，司法の場で最終的な判断が明かにされることを望む。

　どちらかの主張を支持することなく，冷静に見守りたい，と思う。残念なのは，メ

ディアがどちらかに偏った報道が目についたことだ。

　B「国家」による運営ではオリンピックが限界に来ているから，C「資本」を活用するオリンピックの流れの中で，「ネオリベラリズム」＝アベノミクスが背景になったのであって，東京大会もその流れの中にいたはずである。組織委員会は，民間資本を活用する手法を考えて選択，採用する必要があったのではないだろうか。本来，組織委員会の発注方式を決定する有識者会議は，その認識をもっていたのか。それとも，単なる公的手法の適用を促す弁護士や公認会計士で構成されていたのだろうか。この発注を従来型の公的手法で行ったことは，大きな齟齬をきたしたともとれる。もちろん，「競合入札」方式が決定後にも「談合」を続けたのであれば，それは罪に問われるべきだろう。しかし，B「国家」のやりかたでは，C「資本」は力を発揮できないのではないだろうか。

　スポーツ庁では，五輪汚職，談合の発生から，今後の国際スポーツ大会の在り方についての有識者会議を開き，ガバナンス，コンプライアンスの一層の強化をしていくことを発表した。有識者会議では，汚職，談合などの不祥事の再発をさせないためには，という発表を行っていたが，B「国家」とC「資本」がどのように連携・協力・協業することが，よりC「資本」の力を失わずにできるのか，という点については，特にコメントされていないようにみえた。そもそも，メンバーにスポーツビジネスの専門家は見当たらず，弁護士や公認会計士といった管理側の視点で会議が行われていたのではないだろうか。それでは，C「資本」の力を引き出す事は難しくなる。ガバナンス，コンプライアンスを守った上で，C「資本」の力を引き出す方法を考える必要がある。それが出来なければ，今後の大会運営では，民間側は一歩ひいた立場で臨むようになるのではないか，とも予想する。そうなった時に，B「国家」による運営では，モントリオール大会のようにより大きな赤字を抱えたりするのではないだろうか。またB「国家」がC「資本」をコントロールする発想は，自由主義国家が，国家資本主義国家へと変換する思想につながる危険性も孕んでいるのではないだろうか。

　3　東京2020大会を成功させるためには，B「国家」とC「資本」の連携・協力・協業体制が必要で，公金が投入され公的手法が必要なスタジアム建設や警備，輸送などの分野と，特殊なノウハウが必要なスポンサーシップや競技運営などの分野を分けて別組織にした上で，2つの組織の連携・協力・協業をどうはかるか。が重要だったのではないだろうか。

　2つめの論考で分析したが，それではC「資本」で集めた民間資金を，B「国家」が管理支出する方法がベストであったのか？　どんな組織体制が良いのか。そのこと

について３つ目の論考を総括しておきたい。

「代理店に丸投げ」と表現しているケースも多いが，これらもスポーツビジネスを軽視している発言と感じている。電通は広告代理店として知られているが，スポーツビジネスにおいても，IMGやオクタゴンなどと並んで，世界で有数の「スポーツビジネス会社」である。だからこそ，数多くの国際スポーツ団体の専任代理店として契約している。

東京2020のマーケティング収入は，3000億円を超えて，歴代最高の収入を得た。汚職の疑惑でこの成果自体を「商業主義」と批難する向きもあるが，C「資本」の力の成果である。汚職の対象となっている金額は国内スポンサーシップ収入全体の１％にも満たない金額なのに，その疑惑の所為で国内スポンサーシップ収入すべてが疑惑の目で見られているのは残念なことである。

C「資本」の力を発揮させるためには，組織委員会はB「国家」の下に置かず，マーケティング収入のみで運営する前提で，完全民間運営にして，その代わりB「国家」として，期間限定のオリンピック庁を作って，国と自治体でオリンピック庁を運営する両輪方式にするなど，思い切った方法を考えるべきだったのではないだろうか。

日本には電通と言う世界一のスポーツビジネス会社があった。競合させるためには，仕様か性能を揃えて比較できるようにして発注するノウハウが必要である。果たして，日本のB「国家」にオリンピックの運営に付いてそれができるノウハウがあるだろうか。B「国家」でできることと，C「資本」ができることをどうやってWin＝Winにできるのか。B「国家」の手法である「競合入札」は機能しないのではないか。オリンピックに限らず，考えるべきであるし，それができなければ，双方のやりやすい領域を分けることが必要だろう。

B「国家」がC「資本」を活用する新自由主義施策は，指定管理者制度や，第三セクター，PFIなどの様々なPPP（Public Private Partnership）と呼ばれる官民連携手法が存在する。今回の東京2020について舛添前東京都知事が組織委員会を「子会社」と表現しているように組織委員会は，B「国家」の子会社としての位置づけである。組織委員会を第三セクターや外郭団体というような位置にした従来の行政手法の位置づけであり，時代がB「国家」からC「資本」へ移行する時代に，C「資本」を活用する体制ではなかったと思われる。

官民連携を推進する内閣府のホームページによれば，従来の公共事業の仕組みとPFIの仕組みについて図を用いて説明している（図では事例が「建設会社」や「設計会社」に発注する建設事業想定のものになっている。公共事業としては，建設・土木事業などに多く用いられているので，当然の事例だが，この事例図をそのままあては

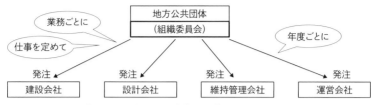

図付-10　従来の公共事業と組織委員会の位置づけ

出典：内閣府ホームページの図を基に筆者作成。

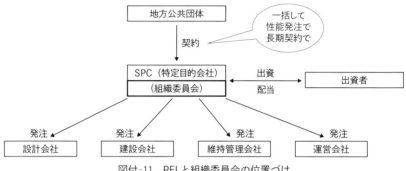

図付-11　PFI と組織委員会の位置づけ

出典：内閣府ホームページの図を基に筆者作成。

めて，オリンピックの施設整備を組織委員会が行うべき，と誤解されないようご注意いただきたい。オリンピックの施設整備を組織委員会が担当するべきなのか。道路などのインフラのように「オリンピックを契機に」オリンピック関連として B「国家」が整備するのかの考え方の整理が必要である)。[2]

　その図をもとに今回の組織委員会の位置づけを筆者が図にしたものが図付-10，図付-11である。

　従来の公共事業は「年度ごと」「業種ごと」「仕事を定めて」各企業に地方公共団体が発注していた。今回の談合疑惑で明らかになったのは，組織委員会は基本的にこの方式を用いていたということである。

　一方で，PFI 方式は，地方公共団体は民間が出資する特定目的会社を一括で，長期間の契約を結び，その特定目的会社が各民間企業に発注契約する。従来の公共事業が「仕事を定めて」発注する「仕様発注」であるのに対して，PFI では民間の仕事のやり方を定めず，仕事の結果としての性能を担保させる「性能発注」とすることで，コストの向上や技術の進歩によるコストダウンや性能維持を図る。今回の談合疑惑で明

らかになったことは，B「国家」側から組織委員会への出向者では，大会運営のノウ
ハウは乏しく，「仕様発注」の仕様書を書くのもノウハウを持つ業者に相談せざるを
得なかった，ということである。限られた期間の中で，限られた予算の中で，多くの
国際競技団体と連絡を取り合いながらテスト大会を行い，本大会の準備をするのに年
度ごとに競合入札をかけるよりは，PFI 方式の様に複数年契約を結び，民間の発注方
式で行い，モニタリングなどで正しく運用，運営が行われているかを管理した方が良
かったのではないだろうか。

　もちろん，前述したように施設整備を含めたすべての業務を SPC にする，という
ことを私は主張しているのではない。実際，オリンピック関連支出は，国，東京都，
組織委員会の 3 つに分かれているように，国や都がノウハウを持っている施設整備や
宿泊警備などの分野はそれぞれの範囲の中で，特に B「国家」にはノウハウのないス
ポーツビジネス分野，例えばスポンサーシップや競技運営などは，PFI 方式の様に民
間 JV に競合入札によって SPC（特定目的会社）として対応させるべきだったのでは
ないかと考える。単に PFI 法を適用するべきだと主張しているのではない。場合によっ
ては，公益財団法人を SPC 的にするのか，または公益財団法人と SPC の二本立てに
するのかなど，官民連携のありかたを検討するべきだった。

　東京2020ではスポーツビジネス分野では3700億円の収入と競技運営で400億円余り
の支出であり，差し引き3000億円程度の黒字とも言える。もっと C「資本」の力を引
き出す方法，特に B「国家」にノウハウのない分野を補う手法をとるべきだった。

　今後の大規模スポーツ大会に向けて，「ガバナンスの強化」を掲げているが，ガバ
ナンスの強化が，B「国家」の介入干渉の強化になっていれば，C「資本」を活用す
る時代の流れに逆行する。ガバナンスの強化は B「国家」と C「資本」の領域をどう
分けるかについて考えなくてはならない。

　幸いなことに他の大規模スポーツ大会は，オリンピックのような第三セクター方式
で組織委員会に多量の官僚が出向するような方式で行われるものは少ない。それぞれ
の大会に合わせた B「国家」と C「資本」の領域や関係性を検討することからはじめ
ないと，不祥事が無くならないだけでなく，上手く運営することは不可能である。

　4　C「資本」を進めても不平等が拡がる。自由で平等な D「X」を目指すべきで
あり，東京2020は，C「資本」から D「X」への転換点となる大会にすることすら可
能であったのではないか。

　最後の論考である。東京2020はやりようによっては，第23回ロサンゼルス大会（1984）
の様に次のステージに進む転換点となることも可能であった。C「資本」による運営

では，経済的に自由を得ても，不平等が拡がる。アベノミクスが格差社会を進行させてしまったのではないかと指摘する学者もいるが，東京2020は，そこから一歩進めて自由で平等な社会を目指すことは可能だったのではないだろうか。

電通をはじめとする日本のスポーツビジネス関係者は，C「資本」の論理を突き詰めるだけで，D「X」の自由で平等な社会を目指せていなかったことを反省するべきだろう。「スポーツGDPを15兆円に」という政府の掲げた目標も，ネオリベラリズム的なC「資本」の拡大を目指す目標でしかなかった。そう考えるとどんなに稼いでも，C「資本」の論理だけでは，不平等を拡大してしまう。「稼ぐがすべて」ではなく，D「X」を目指し，きちんと倫理的な経営を目指すべきである。汚職や談合が有罪になるかどうかではない。たとえ，無罪となっても，単なるC「資本」の論理だけの会社でいいはずはない。

電通4代社長吉田秀雄は，「広告」や「マーケティング」について，その社会的な地位の低さに対して，業界団体を作り，大学に講座を開き，学会を育てた。現在の電通は「スポーツビジネス」について，業界団体も作らず，学会を育てただろうか。B「国家」からC「資本」の流れに乗って，売り上げは上昇した。しかし，その売り上げに心を奪われて，C「資本」の論理だけが横行する会社になっていなかったか。大いに反省するべきだろう。

電通は，常に「次」の社会を見据えてきたはずである。C「資本」による売り上げ増だけを追うのではなく，D「X」について，ビジョンを示すことができたはずである。

## 6．自由で平等な社会を目指すコミュニティスポーツ

D「X」自由で平等な社会の「X」とは何か。柄谷行人はアソシエ―ショニズムや世界共和国をあげ，そこ至る宗教の持つ役割などを論じている。

私は，まず「X」をコミュニティ，コモンズとしてA「ネーション」との違いを自由＝アソシエーションとしてのコミュニティと解釈する。そうすることで，柄谷の目指す未来を自分なりにかみ砕き，さらに宇沢弘文の『社会的共通資本』についても，同じ流れで解釈することが可能になるのではないか，と考える。

それを「スポーツ」に投影した「コミュニティ（ウェルビーイング）スポーツ」がスポーツにおけるD「X」なのではないか，と考えている。

コミュニティスポーツとは何か。

スポーツは，「競技（エンタテイメント）スポーツ」と「コミュニティ（ウェルビー

イング）スポーツ」の表裏からなる。その上で，この２つを対比してみることで日本と欧米のスポーツを取巻く環境の違いを説明した上で，日本の課題ととるべき施策を導くことができるのではないかと私は考えている。

　日本では一般的に「スポーツ」という概念は，なんらかの「競技種目」を指す場合が多いように感じる。日本は，スポーツを教育行政の下に置く少数派の国である。教育は，個人又は団体のパフォーマンス向上を目的として行われるので，スポーツをパフォーマンス向上と言う文脈で捉えがちとなり，スポーツ＝競技となるではないだろうか。そして競技であるがゆえに優劣がつく。そしてその中でもっとも優れたもの「日本一」や「世界一」に価値観を持って，その競技をエンタテイメントコンテンツとして，メディアが取り上げることでビジネス化する。スポーツに関して，「レベルが低くて観る価値がない」とか「観る価値のあるレベル」という表現をするように，競技レベルと「観る価値」が密接に結びついている。

　こうした「競技（エンタテイメント）スポーツ」は，日本のメディア体制が，５つの全国紙と地上波テレビネットワークを中心とした中央集権体制になっていることで，「日本一」が観る価値となって日本一を争う競技が中心に報道される。しかし，各競技では「日本一」を争う試合は年に１度，あるいは数回しかないため，メディアで大きく取り上げられ，ビジネスになる機会も年に１度か多くても数度になる。そのため，各競技団体は自前でビジネス人材を抱えるよりも，外注した方が効率的である。日本一を争う試合を全国放送で中継するビジネスモデルは，ナショナルクライアント向けのコンテンツとなり，ナショナルクライアントを多く抱える電通などの広告代理店が優位な位置にあり，複数の競技団体との関係を深め，スケールメリットを発揮する。今回の五輪疑惑では，それらを「依存」と称していたが，スポーツがエンタテイメントとして消費される日本では，「競技（エンタテイメント）スポーツ」は構造的にそうなるのは，必然である。

　今回の五輪汚職，談合などを巡って，「代理店に丸投げ」している状況が問題で，各競技団体に「人材」が必要だ，と指摘する意見もあったが，上記のような日本のスポーツビジネス構造の中では，各競技団体に「人材」を配置しても年に１，２度のビジネスチャンスしかないので，「人材」も低賃金での労働を余儀なくされるだろうし，ビジネスでもスケールメリットを発揮できずマーケットがシュリンクするだろう。

　指摘されるように「代理店に丸投げ」せず，各競技団体に「人材」を抱えるためには，日本のスポーツビジネスが，「競技（エンタテイメント）スポーツ」の片輪から「コミュニティ（ウェルビーイング）スポーツ」を加えた両輪に構造転換する必要がある。よく，「欧米のスポーツの現場では，広告代理店に丸投げなんかしていない」

というと言う人たちも居るが，彼らの言う「欧米のスポーツビジネスの現場」は，「コミュニティ（ウェルビーイング）スポーツ」に立脚しているので，日本のような全国メディアやナショナルクライアントとのビジネスが中心の特殊なスポーツビジネス環境とは異なり，ローカルメディアとローカルクライアントとのビジネスが中心の環境であり，電通などの広告代理店がスケールメリットを活かしづらい。日本でも，プロ野球やJリーグのチームで，ナショナルクライアントよりもローカルクライアント，全国メディアよりもローカルメディアの方に重心があるチームは，現在でも電通などよりも，自らのマーケティング担当者が独自の営業を展開しているケースが多いだろう。

　欧州では，ドイツのゴールデンプラン（1959年〜）と第二の道（1960年〜）が有名であり，スポーツビジネス関係者で知らない人は居ないであろう。ドイツ国民にスポーツ機会を提供する施設（ハード）を全国に造るゴールデンプランと，そこで行われるスポーツの運営の方向性として，競技スポーツを第一の道として，コミュニティ（ウェルビーイング）スポーツの第二の道を示し，施設（ハード）と運営（ソフト）の両面からドイツの現在のスポーツ環境を作った。ドイツのスポーツビジネス構造も，その結果，コミュニティ（ウェルビーイング）スポーツを背景としてスポーツクラブが「フェライン」として全国に存在し，そこに分厚い「人材」が居る。

　アメリカでは，派手な演出に目を奪われて「エンタテイメントスポーツ」と勘違いされる場合が多いが，アメリカもベースになるのは，「コミュニティ（ウェルビーイング）スポーツ」である。例えば，アメリカの大学スポーツは，彼らは競技スポーツでは，全米一だけに価値を産んでしまうし，さらには，プロスポーツの育成組織（マイナー）化してしまうことを理解しており，大学は「カンファレンス」毎に分けて，それぞれのカンファレンス毎にチャンピオンが産まれる形にしている。大学のOBOGや職員，周辺住民を巻き込んだ「コミュニティ（ウェルビーイング）スポーツ」をベースに大学スポーツのビジネスモデルができているのである。

　私が2016年に「日本版NCAA（仮）」を提案したのは，日本の大学スポーツを「競技（エンタテイメント）スポーツ」ベースから，「コミュニティ（ウェルビーイング）スポーツ」ベースへと構造転換させることができれば，日本のスポーツ界が変化するかもしれない，という思いからであった。

　しかしながら，日本のスポーツビジネス構造は，「競技（エンタテイメント）スポーツ」であり，できあがったUNIVASは，「競技（エンタテイメント）スポーツ」の路線の施策になっている。大学スポーツは「競技（エンタテイメント）スポーツ」の中では，プロスポーツの後塵を拝する。人気選手は必ず大学を卒業してしまい，プロに

なっていく。大学スポーツを「競技（エンタテイメント）スポーツ」モデルではなく，「コミュニティ（ウェルビーイング）スポーツ」へとモデルチェンジすることで，大学スポーツにもアメリカの様にスポーツビジネス「人材」を育成しプールすることができるはずである。

　「競技（エンタテイメント）スポーツ」はC「資本」の動きが進むほど格差，不平等が拡大する。これからの日本のスポーツは，「競技（エンタテイメント）スポーツ」だけでなく，「コミュニティ（ウェルビーイング）スポーツ」を加えた両輪にすることで，D「X」へ進むことが可能になるではないだろうか。それが東京2020から再出発する都市とスポーツの未来となるはずである。

注
1 ）https : //www.2020games.metro.tokyo.lg.jp/about/johokokai/sansyakyougi/index.html
2 ）https : //www8.cao.go.jp/pfi/pfi_jouhou/tebiki/kiso/kiso04_01.html

（花内　誠）

# おわりに

## この3年間

　2023年5月5日，世界保健機関（WHO）のテドロス事務局長は，2020年1月30日に「新型コロナウイルス感染症を巡る緊急事態宣言の終了」を発表した。日本においては，2020年1月に新型コロナ感染症の初患者が確認され，同年4月7日に緊急事態宣言が発令され，学校休校を含むさまざまな活動制限が取られてきた。2023年5月8日の新型コロナ感染症の5類移行までの約3年間，緊急事態宣言，まん延防止等重点措置などを繰り返しながら，医療体制の強化・整備，ワクチン接種，ガイドライン，自主的制限などにより，ようやく活動制限のない社会に回復してきた。

　この3年間，同一空間でトレーニングし，密接な状態が多いスポーツ活動は大きな制限を受けてきたのは間違いない。とりわけ2020年は全国大会の中止，東京オリンピック・パラリンピックの1年延期があった。また，生活の場所である合宿所で日常を過ごしている学生たちが，思わぬところでクラスターが発生したときに，世間からの厳しい非難に晒された。誰もが罹りうる感染症にもかかわらず，辛い思いをしたアスリートも多い。新型コロナ感染症の感染拡大期には，スポーツは活動だけでなく，スポーツが本来持つ力と価値について議論がもたれることになった。とりわけ1年延期した東京オリパラの開催は，緊急事態宣言下でスポーツ（オリパラ）を行う意味について国民から厳しく問われた。ただし，無観客で，バブル方式での開催であったが，世界中のトップアスリートが繰り広げる鍛え抜いたパフォーマンスは多くの国民に感動と感激，そして閉塞するコロナ禍での生活に清涼感を与えたことも事実である。このことも含め，これからの日本のスポーツ（環境）がどこに向かうのかを議論するのが本書（シンポジウム）の基調である。

日常生活において，この３年間で，ICTを活用したテクノロジー，社会システムは大きく前進・発展したことはいうまでもない。遠隔からの就業，オンライン・オンデマンドの授業，遠隔会議は日常となり，本書の基盤となったシンポジウムもオンラインでの開催であった。Society 5.0で提唱されているように，「サイバー空間（仮想空間）とフィジカル空間（現実空間）を高度に融合させたシステムにより，経済発展と社会的課題の解決を両立する，人間中心の社会」の実現に向けて大きな推進力を与えたことは間違いない。さらにロボティクス，AI，ビッグデータの活用は進み，日常生活ならびに社会システムにも大きな変革をもたらしてきている。

　また，この３年間の自然災害をみてみると，台風，豪雨，地震による激甚災害は頻発してきている状況がある。さらには，今起こっている国家・地域間の紛争などグローバルな問題からみても，VUCA（Volatility：変動性，Uncertainty：不確実性，Complexity：複雑性，Ambiguity：曖昧性）といわれるように何が起こっても不思議ではない予測困難な時代に我々は生きている。

### ■ 都市におけるスポーツ空間

　産業，経済の発展にともない，都市が形成されてきた。機能的に整備され人口の集中とともに，都市は文化，芸術，スポーツなどの活動の中心的な存在を担うようになってきている。機能的になった都市では，社会学者の定義によると，第一空間としての家庭（住居），第二空間としての職場・学校，そして第三空間（サードプレイス）として居心地良い場所がある。新型コロナ感染症拡大期は，ステイ・ホームが基本とされ，我々の日常空間から，第二空間といわれる職場，学校をとおざけ，とりわけ第三空間といわれる交流，レクレーション，居心地の良いコミュニティ空間を奪うことになった。

　イントロダクションで花内氏は，「都市コミュニティにおけるスポーツの役割」として，欧米ではプレイグラウンドムーブメントによりプレイブランドに「レクレーショナルセンター」とよばれる建物が設置され，スポーツだけでなくアートやコミュニティ活動が行われ，地域コミュニティの発展に寄与してき

ていること。一方で，日本はプレイグラウンドムーブメントがレクレーショナ
ルセンターに発展せず，その代わりに学校内にスポーツ施設（日本のスポーツ施
設の3分の2が学校にある）がつくれてきた歴史を述べている。さらに昨今の部活
動の地域移行について，解決策として次の3つの選択肢を示している。

①部活動＝「学校教育」

　　現状のまま。部活動指導員への移行，もしくは活動場所を外部へ移行。
　　予算がかなりかかる。予算措置が十分でなければ上手くいかない。
②部活動＝「社会体育」

　　本来的な意味での総合型地域スポーツクラブ。多年齢型，レベルに応じ
　　て年上，年下関係なく。学校側の負担軽減。「学校部活動」の継続は困難。
③部活動＝レクレーションとして「教育外」も含める

　　ドイツ型。ただし，日本と法律，監督官庁が異なる。メリットは地域創
　　生の起爆剤となる。デメリットは大きな変革（監督官庁の調整，整理が必要）。

　花内氏は，いずれの選択肢でも良いが最も早く解決できるものがスポーツ環
境には重要と指摘している。

　この部活動の地域移行の前段の考えとして，花内氏は，日本のスポーツがよ
り良く，より盛んになるには，「競技スポーツ（エンタテインメント・スポーツ）」
だけでなく，「コミュニティ・スポーツ（ウエルビーイング・スポーツ）」の両輪構
造に日本のスポーツをモデルチェンジする必要があると強調し，2016年に「日
本版NCAA（仮）」を提案した本志を示している。

　さらに，スポーツを行う空間，スポーツを通じたコミュニティが形成される
空間は，「公共財」として捉えている。先に示したように，VUCAの時代，自
然災害が頻発する時代にあって，お互いに安心し，信頼し合える関係を構築し，
日常の中でコミュニケーションできる状況をつくる場として，地域のスポーツ
空間は欠くことができない。その場所が，学校に設置されているスポーツ施設
であっても学校外であっても，第三空間が持つ居心地良さ，良いコミュニティ
が築かれる空間であることが望まれる。

以上より，都市におけるスポーツ空間を考えるテーマとして，「部活動」ならびに「防災」が本書のテーマとなった。

### ■ スポーツまちづくり

基調講演として，小泉氏は「スポーツまちづくり」の考え方として，スポーツができる空間的な環境だけでなく，そこでさまざまな活動が展開できる社会的環境を共創的なアプローチでつくりあげ，コミュニティの発展（構成員の健康，社会的紐帯）につなげていくことを示している。そのキーワードとして，プレイスメイキングとアクティブ・デザインを提示している。プレイスメイキングは，物理的な空間としての資源をさまざまな活動，取り組み，組織に結びつけて，多様な体験，多様な価値を生む場所として提供できるようにすること。アクティブ・デザインは，ある種の社会的取り組みとあわせてスポーツや身体活動ができるような環境を作り出す。小泉氏の言葉でいえば，「スポーツをまちに埋め込む」ということを発想するような取り組みである。

クラブ・部活動が地域社会にどのような意味を持つのかについて，神谷氏はクラブ・部活動を社会や文化の接点となる結社という観点から述べている。結社には「一定の約束」「平等な資格」「自発的加入」「成員による運営（自治）」の特質が認められ，クラブも同様であるとしている。一方で，日本における文化・スポーツ部活動は，学校の施設・設備に依存してきた歴史があり，部活動を通じたスポーツ振興という独自モデルとなってきており，結社・クラブの思想，実践が遅れてきた歴史があることを含めると，部活動において，自由や権利を生み出していく組織的な活動（自治や社交）を経験する必要性を説いている。同時に，部活動において社交や自治を経験することは主権者教育を充実させるとその意義を強調している。

### ■ 部活動の地域移行

「運動部活動の地域移行に関する検討会議」の座長を務めた友添氏は，これからが部活動が目指す姿を，次の5点にまとめている。1）少子化の中で，こ

れからも日本の子どもがスポーツを継続的に親しむ機会を確保すること，2）スポーツの本質である自発的な参画を通して，楽しさ，喜びを感じること，3）スポーツが社会課題の解決に有効なツールであること，4）部活動の意義を継承，発展させ新しい価値をつくること，5）持続可能で多様なスポーツ環境を一体的に整備すること。また，課題としては，地域の受け皿，指導者問題，施設の問題を指摘している。いずれにしても，部活動の地域移行は，単に部活動を地域へ水平移動する，という発想ではなく，いままで取り組まれていなかったアイデア，発想で議論し，推進する必要性を説いている。

　日本の学校を中心としたスポーツ振興システムでは，小学校から大学まで，教育期間ごとに，所属する期間，クラブ，場が区切られ活動の継続性を確保する仕掛けがなく，学校教育期間終了後に，地域クラブへの加入は16％程度にとどまり，ライフステージが進むにつれて，クラブという組織からの離脱が進むと長積氏は説明している。その上で，分断的な活動的なシーンをつなぐには生活圏域の地域を拠点に，多様な組織が関わりシームレスなスポーツ活動を演出する総合型地域スポーツクラブの理念と推進の意義をまとめている。その1つの事例として，成岩中学校区に拠点を置く「ソシオ成岩スポーツクラブ」が，中学校という場を地域の資産として共同活用し，小中学校の部活動と連動させ，地域の健康コミュニティの拠点として発展してきていることを紹介している。また，部活動の地域移行については，Howを問うのではなく，既存の枠組みや固定観念を振り払い，これまでとは異なる枠組みでものごとを見つめ直し，捉え直す「リフレーミング」の発想で進めるべきと指摘している。

　パネルディスカッション1にて，空間を考える社会課題として，少子化，高齢化，世帯数減，人口減，加えて公共施設の老朽化問題が指摘された。公共財としての公共施設の老朽化問題は，単に修理すれば良い，という考えではなく，プレイスメイキングとアクティブ・デザインで発想し，健康に暮らすための生活インフラとして再活用されるようにすることで，都市とスポーツの課題をつなげることができ，かつ学校のスポーツ施設という公共財においても同様の発想で展開することができれば，部活動の地域移行についても，これまでの議論

では出てきていない新しい解決策が得られる可能性がある。

　ただし，その解決策はスタンダードなものがあるわけではなく，地域ごとに最適解は異なると想定できる。それぞれの地域の歴史・文化，気候なども含めて「リフレーミング」しながら，スポーツを通じた居場所（コミュニティ）づくりができる場を創造できるような展開を願っている。そのためにも，部活動でスポーツを経験し，組織的な自治，社交を学んだ生徒・学生，関係者が，主体となってプレイスメイキングとアクティブ・デザインの発想で，部活動の地域移行とその先の展開をスポーツを通じた新しい価値創造することで，より多くの地域住民を巻き込んで，社会課題の解決も促進されるであろう。

### ■ 遊環構造

　本書の第Ⅱ部は，「防災からみた都市とスポーツ」である。最初の「都市・スポーツ・レジリエンス」は，建築家の仙田氏と上林氏の対談である。その中で仙田氏は，子どもの遊びから導いた「遊環構造」の理論で人とまちを元気にする方法について語っている。遊環構造はいくつかの条件からなる空間構成（走り回れる循環構造，シンボル性の高い場，安全，めまい体験できる場，一体感，一時的なパニックを楽しむ場など）のことで，安心基地，居場所にもなる。都市においては遊環構造の中で，住民，子どもたちが一体感を持つ祭りなどができる場所，同じ風景をみてそこに一緒に居るだけで思い出になる場所は重要である。スポーツは，「人との関係性がないと成立しない」ので「する」「みる」，を通じて地域を元気にすると言及している。

　上林氏は，遊環構造について，「時間」「空間」「コミュニティ」「方法」の4つの軸が必要であるとパネルディスカッション2で述べており，とりわけ大きな空間（めまい空間）についてはそこに引きつけられる魅力，時間についてはイベント（スポーツ大会など），祭りなどによって，時間に重みをつけることが大事であることを補足している。つまり，単なる空間（施設）ではなく，その全体構造・構成には，そこでの活動（イベント，日常），人とのつながり，そしてこれらの空間と活動，つながりによって生み出される一体感，居心地良さ，楽

しさ，喜び，挑戦などが，コミュニティを高めてくれるものになる。

### ■ 防災とスポーツ

スポーツを活用して，防災への意識と行動を変えて，いつ起こるか分からない災害に対してスポーツで備える，という趣旨で篠田氏は，「防災スポーツ」を展開している。スポーツの持つ楽しむ要素，身体を動かす要素，競争する要素を活かして，防災，災害に対する心理的なハードルを下げながら，防災について考える，実際に行動することを実践している。年齢に関係なく，ほとんどの参加者が初体験であるため，意見が出しやすく，取り組みやすいところが特徴である。

東日本大震災の後，宮城県気仙沼市の内海地区の復興まちづくりに関わっていた阿部氏は，防災インフラである「防潮堤」を単に防災インフラだけにせず，行政，地元の企業，市民との協力のもと防潮堤を活用した市民，観光客が集う場所へとプレイスメイキングを行った。その経験と実績から，防災のためのスペース（空間）がスポーツの力でプレイスメイキングされるには3つのポイントがあることを指摘している。1）非日常の防災施設を日常のスポーツのために使用できるようにする，「目的外使用の目的化」。2）それぞれの管理部局間連携（例，土木部局とスポーツ振興課）による施設融合。3）防災インフラをワクワクする形で活用できるように社会実験を繰り返す，「タクティカル・アーバニズム」。

東日本大震災で，避難生活を過ごされた地元の人々は，長い時間をかけて紡いできた地縁，血縁が崩壊され，地域コミュニティを一瞬にして喪失したことが物的被害と並ぶ大きな被害である，と述べた茂木氏は，地縁，血縁に代わるあらたな「共助」の主体として，スポーツを通じたつながりを，震災前から行われていた「ダンベル体操クラブ」から説明している。震災直後には一度解散されたが，メンバーの強い要望で再開し，このクラブが人とつながるための重要な居場所になっていることをまとめた。今後の共助をになうコミュニティづくりに参考となる事例である。

パネルディスカッション 2 で，防潮堤の目的外使用の目的化の話が展開された。防災のための堅牢さは担保しつつ，その施設を単なる防災インフラに留めることなく，目的外使用の目的化で市民の憩いの場，観光の場，スポーツの場とするプレイスメイキングで新しい価値が生み出される。同時に，その場に多くの人が集うことで，「本来の目的」の理解と啓発にもつなげられる。つまり，目的外使用の目的化と本来の目的はコインの裏表，もしくはメビウスの輪の関係といえる。

さらには，目的外使用の目的化で防災インフラの場に多くの人が集い，同じ景色を見られる居心地の良い場所となることは，一体感を生み出し，コミュニティが形成されやすくなることは間違いない。加えて，そこでの大きなめまい空間を通じたイベント，祭りにより，共有する時間に重み付けがなされ，一体感がより強まることでコミュニティの関係性は一層深まり，構成員同志が密にお互いを知り，共助できる関係につなげられるといえる。

### ■ 今後に向けて

叢書シリーズの前書『2050年のスポーツ』の「おわりに」において，日常と非日常の横軸と身体活動力の縦軸の 2 軸で表現し，各象限に配置されるスポーツを入れた。超人スポーツ，ゆるスポーツ，エクサーゲーム，宇宙でのスポーツも入れてあるが，その図の説明に，『地域の中でのコモンズ，サードプレイス形成と地域コミュニティでのウエルビーイング・スポーツの実装が重要になってくる』と記載している。このことは，今後より強みを増してくることは間違いないと確信している。

歴史的にみれば工業化の時代に近代スポーツが始まり，盛んになってきた。次の情報化時代となって，スポーツの情報化が進み，「する」「みる」「ささえる」のいずれにおいても情報が活用され，浸透してきている。これからの新たな社会（Society 5.0）においては，第一空間，第二空間，第三空間に加えて，サイバー空間が活用される。加えてサイバー空間と第一から第三のそれぞれの空間との交流が生み出され，その交流の中で，あらゆる活動が盛んにできるよ

うになるであろう。さらには，各空間の中で所属する活動，コミュニティの種類も数も増えることも想定される。加えて，所属というよりはもう少し気軽な形で接続（アクセス）するコミュニティも多様で豊富になっていくだろう。そのように変化する社会の中で，スポーツがもつ本来の目的，目的外も含めて活用の度合いが高まりコミュニティ形成に貢献することを願っている。

本書で取り上げた，「部活動の地域移行×スポーツ」「防災×スポーツ」は，別物にみえるが，我々の日常から非日常におけるスポーツをどのように位置づけ，意義づけ，考え，扱い，価値創造していくのかという観点では同じ範疇で考えられる。花内氏がイントロダクションで取り上げた柄谷行人の『世界史の構造』に示された自由で不平等な「資本」（近代世界システム）から自由で平等な「アソシエーション」（世界共和圏）へと展開，発展するときに，スポーツがもつ大きな拡張性，柔軟性，浸透性，親和性は，これからの社会の構造，システムの変革の中で，引き続き重要になってくるであろう。

これからの社会課題の解決におけるスポーツが持つ可能性を，今後とも多くのみなさんと議論し，認識を深めていく必要がある。そのような議論と意見交換を通じて，新たな時代に受け渡すべきスポーツ（環境，システムなど）の発展につなげていきたい。そのためにも，関係者のみならず，多様な方々によるオープンイノベーションにより，スポーツが関係する，関係できる社会課題をリフレーミングしながら，その解決にスポーツが生かされることを心より願っている。

最後になるが，本書の執筆の労をおとり頂いた筆者のみなさん，シンポジウム，パネルディスカッションにご登壇頂いたみなさん，ならびに関係者のみなさんに，心より感謝を申し上げたい。また，出版に際して，丁寧なサポートを頂いた晃洋書房の福地成文さんにもお礼を申し上げる。

本書を手に取って頂けたみなさんと，「都市とスポーツ」にかかわり，各方面において課題となるテーマを〇〇として，「〇〇×スポーツ」で化学反応を

引き起こし，スポーツの目的外使用における目的化も含めてアイデアを出しながら，スポーツの持つ魅力，価値を創発的にイノベーションする意見交換や議論できる機会を持つことを楽しみにしている。

2023年6月

伊 坂 忠 夫

《執筆者紹介》（＊は編著者，掲載順，［　］は執筆・掲載箇所）

＊花内　　誠（はなうち　まこと）［イントロダクション，5，パネルディスカッション1，2，付録］
九州産業大学人間科学部スポーツ健康科学科教授
一般社団法人スポーツと都市協議会（旧アリーナスポーツ協議会）理事，一般社団法人大学スポーツ
コンソーシアム関西理事，立命館大学客員教授。

　2022年まで電通勤務。約20年間に渡ってスポーツを担当。ゴルフ（宮里藍），野球（サムライジャ
パン），バスケットボール（2リーグ統合）等を担当後，2016年文部科学省「大学スポーツ振興に
関する検討会議」にて，「スポーツ産学連携＝日本版NCAA」を提案。現在，スポーツアーバニス
トを志ざし，東京大学工学系研究科都市工学専攻後期博士課程に在籍。

小泉秀樹（こいずみ　ひでき）［1，パネルディスカッション1］
東京大学まちづくり研究室教授，東大まちづくり大学院コース長，日本都市計画学会専務理事
　専門は，都市計画，まちづくり。研究成果をふまえつつ多くの各地で都市計画，まちづくり，コミュ
ニティ・デザインの実践に取り組んでいる。グッドデザイン賞など受賞多数。編著に『都市地域の
持続可能性アセスメント』（学芸出版社，2015年），『コミュニティデザイン学』（東京大学出版会，2016
年）など。近年は，渋谷未来デザイン代表理事，アーバニスト理事長として共創まちづくりを推進
している。

神谷　　拓（かみや　たく）［2，パネルディスカッション1］
関西大学人間健康学部教授
　筑波大学大学院人間総合科学研究科修了。博士（教育学）。岐阜経済大学（現在：岐阜協立大学），
宮城教育大学を経て現職。専門は，体育科教育学，スポーツ教育学，部活動学。著書に『運動部活
動の教育学入門』（大修館書店，2015年），『生徒が自分たちで強くなる部活動指導』（明治図書，2016
年），『僕たちの部活動改革』（かもがわ出版，2020年）などがある。日本部活動学会会長，日本体
育科教育学会理事を務める。

友添秀則（ともぞえ　ひでのり）［3，パネルディスカッション1］
環太平洋大学体育学部教授，（公財）日本学校体育研究連合会会長
　筑波大学大学院体育研究科（修士課程）修了。博士（人間科学）。ニューヨーク州立大学客員教授，
香川大学教育学部教授を経て，早稲田大学スポーツ科学学術院教授，同学術院長，早稲田大学理事
を歴任。日本オリンピック委員会（JOC）常務理事，スポーツ庁スポーツ審議会委員等を歴任。主
な近著に『対談・座談　現代スポーツの論点』（編著，大修館書店，2020年），『我が国の体育・ス
ポーツの系譜と課題』（大修館書店，2022年）など。

長積　　仁（ながづみ　じん）［4，パネルディスカッション1］
立命館大学スポーツ健康科学部教授
　岡山大学大学院文化科学研究科修了。博士（学術）。大阪体育大学スポーツ産業特別講座研究員，
徳島大学大学院ソシオ・アーツ・アンド・サイエンス研究部准教授を経て，現職。専門は，スポー
ツマネジメント。

仙田　　満（せんだ　みつる）［5］
環境建築家，環境デザイン研究所会長
　横浜生まれ。東京工業大学卒業。工学博士。菊竹清訓建築設計事務所を経て，1968年環境デザイン
研究所を設立。琉球大学・名古屋工業大学・東京工業大学教授，日本建築学会・日本建築家協会・
こども環境学会会長，日本学術会議会員・連携会員を歴任。代表作品は東京辰巳国際水泳場，常滑
体育館，兵庫県但馬ドーム，京都アクアリーナ，中国上海市旗忠森林体育城テニスセンター，広東
省佛山市総合体育館，広島市民球場（マツダスタジアム），長野県立武道館，石川県立図書館。著
書に『子どもとあそび』（岩波書店，1992年），『人が集まる建築』（講談社，2016年），『こどもを育
む環境　蝕む環境』（朝日新聞出版，2018年），『遊環構造デザイン』（左右社，2021年）など。

上 林　功（うえばやし　いさお）［5，パネルディスカッション2］
追手門学院大学社会学部スポーツ文化学専攻准教授，株式会社スポーツファシリティ研究所代表取締役
　建築設計事務所にてスポーツ施設の設計・監理を担当。2014年に独立，2017年に博士（スポーツ科学）Ph.D. のち現職。「スポーツ消費者行動とスタジアム観客席の構造」など研究と建築設計の両輪にて実践。早稲田大学スポーツビジネス研究所招聘研究員，慶應義塾大学大学院メディアデザイン研究所リサーチャー，日本政策投資銀行スマートベニュー研究会委員，一般社団法人運動会協会理事，スポーツテック＆ビジネスラボ　コミティ委員など。

篠 田 大 輔（しのだ　だいすけ）［6，パネルディスカッション2］
株式会社シンク 代表取締役
　横浜生まれ。慶應義塾大学理工学部卒業，同大学院理工学研究科修了（工学修士）。中学1年生の時に，阪神・淡路大震災を経験。東京オリンピック・パラリンピック開催決定を機に，2014年に株式会社シンクを創業。自身の被災体験を基にした「防災スポーツ」事業，記録配信サービス「スポロク」といったITソリューション，スポーツコンサルティング，イベントプロデュースなどを手がける。令和5年度科学技術分野の文部科学大臣表彰・科学技術賞（2023年），内閣府主催第4回日本オープンイノベーション大賞・スポーツ庁長官賞（2022年）受賞。

阿 部 俊 彦（あべ　としひこ）［7，パネルディスカッション2］
立命館大学理工学部建築都市デザイン学科准教授，キャンパス計画室副室長
　早稲田大学理工学部建築学科卒業，同大学院修了，博士（工学）。LLC SMDW 一級建築士事務所を共同設立。気仙沼内湾地区の復興まちづくり，地方都市の地域活性化まちづくり等に関わる。土木学会デザイン賞，日本都市計画学会計画設計賞・論文奨励賞，日本建築学会作品選集入選，都市住宅学会賞，これからの建築士賞，グッドデザイン賞など受賞。現在，アーバンデザインセンターびわこくさつ（UDCBK）副センター長などを兼務。

茂 木 宏 子（もぎ　ひろこ）［8，パネルディスカッション2］
筑波大学体育系研究員（開催時）／フリーランスライター
　筑波大学大学院人間総合科学研究科体育科学専攻（博士後期課程）単位取得満期退学。編集制作会社勤務を経てフリーランスライターとなり，主に週刊誌や情報誌などで活動。取材フィールドはスポーツに限らず，ビジネス，最先端テクノロジーなど多岐に渡る。著書に『メダルなき勝者たち』（ダイヤモンド社，1994年），『お父さんの技術が日本を作った！』（小学館，1996年），『お父さんの技術が日本を作った！②』（小学館，1997年），『夢をかなえるエンジニア』（小学館，1998年）がある。第46回（1997年）小学館児童出版文化賞を受賞。

＊伊 坂 忠 夫（いさか　ただお）［パネルディスカッション1，2，おわりに］
学校法人立命館副総長，立命館大学副学長，立命館大学スポーツ健康科学総合研究所所長，一般社団法人大学スポーツコンソーシアムKANSAI会長
　1992年立命館大学理工学部助教授。1999年博士（工学）。2003年理工学部教授。2010年よりスポーツ健康科学部教授。研究分野は，応用バイオメカニクス。文部科学省COIプログラム「運動の生活カルチャー化により活力ある未来をつくるアクティブ・フォー・オール拠点」の研究リーダー。主な著書として『スポーツサイエンス入門』（共編著，丸善，2010年）など。

ASC 叢書　5
都市とスポーツ

2023年6月30日　初版第1刷発行　　＊定価はカバーに
　　　　　　　　　　　　　　　　表示してあります

　　　　　　　　　　　　　　　一 般 社 団 法 人
　　　　　　　監修者　　　スポーツと都市ⓒ
　　　　　　　　　　　　　協議会

　　　　　　　編著者　　　花　内　　　誠
　　　　　　　　　　　　　伊　坂　忠　夫

　　　　　　　発行者　　　萩　原　淳　平

　　　　　発行所　　株式　　晃　洋　書　房
　　　　　　　　　　会社

　　　〒615-0026 京都市右京区西院北矢掛町7番地
　　　　　　　　　電話　075(312)0788番㈹
　　　　　　　　　振替口座　01040-6-32280

装丁　尾崎閑也　　　　　　印刷・製本　亜細亜印刷㈱
ISBN 978-4-7710-3768-7